利用者から学ぶ
福祉住環境整備

(株)バリオン　介護環境研究所代表・医学博士
金沢善智

三輪書店

推薦のことば

　『福祉住環境とは,「人が家に合わせてきた」ことで起こっている利用者の生活上の不都合を,「人に家を合わせる」ことで解決する考え方や技術である』。これは,私が著者の講演で聞いた住宅改修の必要性を理解するのに一番印象的な言葉であった。

　本書は,著者が利用者に実践した福祉用具導入と住宅改修の内容・ノウハウ,また利用者とのやりとりの中で教わったことなどを,わかりやすく解説している。

　また,在宅で困り果てている利用者やその介護者をとおしての事例がたくさん載っているため,介護支援専門員をはじめとした関係者が「福祉用具導入と住宅改修(福祉住環境整備)」のイメージがしやすくなっている。

　福祉住環境整備とは,利用者の生活継続のために,障害をもつ前と同じくらい,もしくはそれ以上の人生を過ごせるように支援するために,ケアマネジメントのプロセスの中で,利用者本人,介護支援専門員,セラピスト,介護者をはじめとする家族も含めて,必要な住宅改修・福祉用具を適時・適切・適量に導入していく。

　その人らしい生活(人生)を送ることを支援するために必要な福祉用具を導入する。そして,その人らしい生活(人生)を送ることを支援するために必要な住宅改修が行われる。また,忘れてならないのは,介護者による介護量がどれだけ減じたかについて把握することも大事だということである。以上のことなどが的確に解説されている。

　最後になるが,著者とは,1997年から互いに青森県介護支援専門員指導者1期生であり,また,建築士,セラピスト,介護支援専門員,薬剤師などで構成される青森福祉環境研究会を創設し運営してきた。著者は,理学療法士として,また建築工学を学んだ専門家として,住宅改修・福祉用具の導入について示唆に富む提言をしてきた。

　本書を一言で言えば「多職種協働の住環境ケアマネジメント」の実践書である。介護支援専門員のみなさんをはじめとする,福祉住環境整備の現場でかかわる人に,ぜひお勧めしたい一冊である。

2007年6月

日本介護支援専門員協会会長　木村隆次

はじめに

　この本は役に立たない。介護保険制度などにおける福祉用具給付や住宅改修に関する制度的な部分やシステム，建設的技法などについて知りたい人には，この本は役に立たないという意味である。そのような内容は他書に譲って，本書は実践場面で利用者から教えてもらったことに極力内容を絞ってある。この本は福祉住環境のイメージを身につけ，利用者とともに悩み，そして誰よりも，利用者の今後の生活（人生）を，福祉住環境の面から，より良きものにしたいとの想いを常に悶々と抱いている在宅介護にかかわるサービス者には，ぜひ読んでもらいたい。また，そのような人たちとともに仕事をする介護支援専門員（ケアマネジャー）にも，大まかにサービスのイメージがつかめるということでは，かなり役立つ本であると自負している。

　運悪く，体になんらかの障害をもってしまった人は，その生活上のさまざまなことにおいて，ほぼ健康だったときと比べ，常に100倍我慢を強いられていると，そのような人に出会うたびに感じる。

　例えば，「今日は天気がいいから，街へ出かけて，ショッピングがしたい」と思ったとしても，その間，自分を介助する人たちのことを考え，「迷惑だろうから，行くのを我慢しよう」ということになってしまう。車いすを使っている人も海水浴に行って，水に足を入れ，砂浜を走ってみたいはずである。しかしその本人は，介助者や家族などにかかる労力などのことを考えて，いろいろな「我慢」をしてしまうのである。

　本書における福祉用具導入や住宅改修を中心とした福祉住環境の整備は，比較的小規模で簡易なものである。しかし，侮ることなかれ。このような小規模で簡易な住宅改修であっても，介護が必要な人の生活を格段に自立させ，そして充実した人生をもたらすだけでなく，介護負担を軽くし，主たる介護者をはじめとする家族の生活や人生にまで，良い影響を与えるものであると考えている。そして何よりもの効果としては，福祉用具を導入し，住宅改修を行った後，ほんの少しかもしれないが，「我慢」をしなくてもよい生活を送ってもらうことである。

　本書は，ケアマネジャーやセラピスト，福祉用具専門相談員，福祉住環境コーディネーターなど，福祉住環境の整備にかかわっている初心者を意識して，なるべく平易に述べることも基本にしている。また，筆者が多くの患者や利用者から現場で教えてもらった知識や技術を素直に伝えるようにしているために，これまでの方法とは，考え方ややり方が異なる部分も多々書かれている。その部分やその他疑問に思った部分については鵜呑みにせ

ず，それぞれ現場で患者や利用者を師と仰ぎ，検証してもらいたい．

　繰り返しになるが，本書は介護保険制度やその他制度による福祉住環境整備時の「心構え」や「考え方」，そして特に福祉住環境整備の「イメージ」などをつかむためのものである．したがって，法制度の詳細や建築的技術および方法などについて知りたいときには，多く出版されている他書を主読してもらいたい．それら他書の副読本として，本書を読んでもらえれば幸いである．

2007年6月

金沢善智

本書で使用している言葉の定義

1．福祉住環境

　福祉用具導入と住宅改修は，切っても切り離せないサービスである。

　適切な福祉用具を導入することによって住宅改修の効果が格段と高まり，また逆に，適切な住宅改修を行うことによって福祉用具の選択肢が広がるというように相互に影響し合い，総合的に住環境を向上させるサービスであるといえる。

　本書では，福祉用具導入と住宅改修を適切にサービスすることによって，利用者の自立した生活をより促し，介護で生じる負担を少なくするような住環境のことを「福祉住環境」と呼ぶことにする。その目的はあくまでも「利用者とその家族の生活（人生）を改善し，向上させる」ことにある。

2．利用者

　日本に生まれ，日本で暮らし，この国にある社会資源を当然の権利として享受することができる人のことを，本書では「利用者」と呼ぶ。

　また障害を有する自らの身をもって，在宅ケアにかかわるわれわれサービス者にさまざまなノウハウを示してくれる利用者はお客様であり，そしてわれわれ福祉住環境の整備に携わる者の知識と技術を磨いてくれる，「師」でもある。

3．セラピスト

　理学療法士および作業療法士を指す。セラピストに求められる知識や技術は，決して住宅構造などの建築学的なものではない。あくまでも，利用者の日常生活にかかわる動作を分析し，その分析結果から福祉住環境を整備するときのポイントやヒントを導き出すことが仕事である。「なぜそのような福祉用具を導入し，なぜそのような住宅改修が必要なのか」についての理由こそが，福祉住環境の整備の中で必要不可欠なことなのである。その理由は利用者やその家族が常にわれわれに示してくれているものであり，それを素直に形にしていくことが重要である。そしてその理由は，ケアマネジャーや建築技術者などの連携する他職が求めているものである。

目　次

第1章　人の人生を変える福祉住環境とは？

1 何のために福祉住環境は必要なのか？ ……………………………………2
　　1．「もう少し，生きてみようかな」，そう思わせる福祉住環境
　　　　―新井繁さん（仮名，73歳，男性）のケース― ……………………2
　　2．福祉用具の重要性 …………………………………………………………4

2 福祉住環境が必要な理由 ……………………………………………………5
　　1．家は誰のために建てられるのか？ ………………………………………5
　　2．家が「障害物と凶器」に変わるとき ……………………………………6

3 福祉住環境の8つのコツ ……………………………………………………7
　　1．利用者の「ニーズ」が出発点である ……………………………………7
　　2．訴えの奥の奥にある「潜在ニーズ」を把握する ………………………8
　　3．福祉住環境整備の「3つの段階」を意識する …………………………9
　　　　1）第1段階：潜在ニーズの顕在化と変化するニーズの追従 …………9
　　　　2）第2段階：福祉住環境計画の立案と施工 ……………………………11
　　　　3）第3段階：モニタリングとリスクマネジメント ……………………12
　　4．一人で悩まずに，仲間を作る（専門家の連携）………………………12
　　5．動作分析を簡易に行い，簡易に説明する ………………………………13
　　6．「自分らしさ」につながっているのかを確認する ……………………15
　　7．クレームがあったときこそ，チャンスだと考えよう …………………15
　　8．デザインやメンテナンス，清潔維持（掃除）のことも考える ………17

第2章　福祉住環境のイメージをつかむ：具体的事例の検討

1 緊急・眠れない介護者を救え！
　　　　―進藤加代さん（仮名，83歳，女性）のケース― …………………20
　　1．プロローグ―毎夜毎夜，叫び続ける人― ………………………………20
　　2．住居の状況 …………………………………………………………………21
　　3．同行したセラピストの所見 ………………………………………………21
　　4．エピローグ …………………………………………………………………22

2 新築バリアフリー住宅でも自立しない
　　　　―穐谷伸吾さん（仮名，52歳，男性）のケース― …………………25
　　1．プロローグ―古い家でてんてこまい― …………………………………25

2．住居の状況……………………………………………………………………26
　　3．同行したセラピストの所見…………………………………………………28
　　4．福祉住環境に関連するニーズ………………………………………………29
　　5．エピローグ……………………………………………………………………30

③テレビを見続ける人!?　─加藤久志さん（仮名，62歳，男性）のケース……32
　　1．プロローグ─幼なじみのところに行きたい─……………………………32
　　2．住居の状況……………………………………………………………………33
　　3．同行したセラピストの所見…………………………………………………33
　　4．エピローグ……………………………………………………………………34

④二人とも，安全に過ごせる家に─三村不二雄さん（仮名，87歳，男性）と
　ミサさん（仮名，80歳，女性）のケース─…………………………………36
　　1．プロローグ─二人が安全に過ごせますように─…………………………36
　　2．住居の状況……………………………………………………………………37
　　3．同行したセラピストの所見…………………………………………………37
　　4．どちらに合わせて住宅改修するのか？……………………………………38
　　5．エピローグ……………………………………………………………………39
　　　　1）トイレの改修……………………………………………………………39
　　　　2）風呂場の改修……………………………………………………………39
　　　　3）玄関の改修………………………………………………………………40

⑤床が腐って，福祉用具が導入できない!!
　─新里新吉さん（仮名，82歳，男性）のケース─…………………………44
　　1．プロローグ─床の布団の上で体が固まってしまった人─………………44
　　2．住居の状況……………………………………………………………………45
　　3．同行したセラピストの所見…………………………………………………46
　　4．福祉住環境に関連するニーズ………………………………………………47
　　5．エピローグ……………………………………………………………………47

第3章　現場で役立つ住宅改修のコツ
①アプローチおよび玄関における福祉住環境整備……………………………52
　　1．道路と敷地との段差…………………………………………………………52
　　　　1）階段の考え方……………………………………………………………53
　　　　2）スロープの考え方………………………………………………………54
　　2．敷地と玄関ポーチとの段差…………………………………………………54
　　　　1）手すり設置の考え方……………………………………………………54
　　　　2）スロープ設置の考え方…………………………………………………55

3．玄関ポーチと玄関土間との段差 ································· 56
　　　4．上がり框部分の段差 ··· 57
　　　　　1）段差での手すり設置の考え方 ································· 57
　　　　　2）ベンチ設置の考え方 ·· 58
　　　　　3）段差解消機およびスロープ導入時の考え方 ··············· 58

2 廊下および居間，寝室における福祉住環境整備 ················ 60
　　　1．段差の解消 ··· 60
　　　　　1）床上げによる段差解消の考え方 ······························ 60
　　　　　2）すりつけ（ミニスロープ）による段差解消の考え方 ······· 60
　　　2．水平手すりの設置時の注意点 ···································· 61
　　　　　1）太さ ·· 61
　　　　　2）材質 ·· 62
　　　　　3）高さ ·· 62
　　　　　4）すき間（壁面と手すり壁側面との間） ························ 62
　　　　　5）連続性 ··· 63
　　　　　6）端部処理 ·· 64
　　　3．垂直手すりの設置時の注意点 ···································· 65
　　　4．居間に必要な配慮点 ··· 66
　　　5．寝室に必要な配慮点 ··· 67

3 トイレにおける福祉住環境整備 ····································· 68
　　　1．トイレ動作を考える ··· 68
　　　2．洋式トイレにこそ必要な「前方空間」 ···························· 69
　　　3．トイレ内に浮き出る住宅改修のヒント ··························· 70
　　　4．トイレにおける福祉住環境整備の具体策 ······················ 70
　　　　　1）立ち座りに必要な「前方空間」の確保 ······················· 70
　　　　　2）手すり設置位置の重要性 ····································· 72
　　　　　3）便座周囲をベンチ化する ······································ 73
　　　　　4）トイレで行われるいろいろな福祉住環境整備 ············· 73

4 風呂場における福祉住環境整備 ··································· 75
　　　1．日本人にとっての入浴の意味を理解する ······················ 75
　　　2．入浴関連動作に関連する段差 ·································· 76
　　　　　1）「脱衣所-洗い場」間の段差 ··································· 76
　　　　　2）「洗い場-浴槽」間の段差 ······································ 76
　　　3．風呂場における福祉住環境整備の具体策 ···················· 77
　　　　　1）「脱衣所-洗い場」間の段差を解消する ····················· 77

2）「洗い場-浴槽」間の段差を解消する ……………………………………………………78
　3）段差を利用する ……………………………………………………………………………79
　4）滑りやすい風呂場の床面への配慮 ………………………………………………………80
　5）バルサルバ効果への配慮 …………………………………………………………………81
　6）風呂場へのその他の具体的配慮 …………………………………………………………81

第4章　福祉用具導入の考え方とコツ

1 福祉用具導入に必要なアセスメントの「3つの視点」…………………………………86
　1．「利用者本人」に関する視点 ………………………………………………………………86
　2．「介護者や家族，社会」に関する視点 ……………………………………………………86
　3．「住環境」に関する視点 ……………………………………………………………………87

2 移動に関する福祉用具 ……………………………………………………………………88
　1．車いす ………………………………………………………………………………………88
　　1）車いすに対する考え方 ……………………………………………………………………88
　　2）車いす適合の6つのポイント ……………………………………………………………88
　　　①座面奥行き ………………………………………………………………………………89
　　　②座幅 ………………………………………………………………………………………90
　　　③座面高 ……………………………………………………………………………………91
　　　④バックレストの高さと角度（背座角）…………………………………………………91
　　　⑤ホイールベース …………………………………………………………………………92
　　　⑥キャンバー角 ……………………………………………………………………………92
　2．杖類 …………………………………………………………………………………………93
　　1）杖の基本 …………………………………………………………………………………93
　　　①T字杖およびC字杖（オフセット杖）…………………………………………………93
　　　②ロフストランドクラッチおよび多点杖 ………………………………………………95
　　　③松葉杖および腋下杖 ……………………………………………………………………95
　　2）杖の長さ合わせの仕組み ………………………………………………………………96
　　　①切って調節 ………………………………………………………………………………96
　　　②有段階調節 ………………………………………………………………………………96
　　　③無段階調節 ………………………………………………………………………………96
　　3）「にぎり」の形状 …………………………………………………………………………96
　　4）生活用具としての杖 ……………………………………………………………………96
　　5）杖をより高機能化するオプションパーツ類 …………………………………………97
　　　①杖ストラップ ……………………………………………………………………………97
　　　②杖自体の転倒防止器 ……………………………………………………………………97

　　　　　③杖先ゴム··98
　3．歩行器およびシルバーカー····································98
　　1）歩行器···99
　　　　　①歩行器の高さ設定······································99
　　　　　②さまざまな歩行器····································100
　　2）シルバーカー··101
　　　　　①シルバーカーの「ハンドル部分」の高さ···········102
　　　　　②長期間使用での注意点·······························103
　　　　　③さまざまなシルバーカー····························103
　4．各種リフト（風呂場で使用するもの以外）················104
　　1）上下のみするリフト······································104
　　　　　①段差解消機···104
　　　　　②電動昇降座いす······································105
　　2）吊り上げた後に水平移動できるリフト···················105
　　　　　①天井走行式リフト····································105
　　　　　②据え置き式リフト····································106
　　　　　③床走行式リフト······································107
　　　　　④吊り具··107
　　3）その他のリフト···107

3 就寝環境整備に必要なベッドとそれに関わる福祉用具·········109
　1．睡眠の必要性···109
　2．ベッドに必要な「寝心地の良さ」··························109
　3．ベッドに必要な「動きやすさ」····························110
　　1）マットレスの重要性······································110
　　2）ベッド柵の積極的利用···································110
　　3）ギャッジアップ機能の利用価値··························111
　　4）ベッド高の電動調節機能の有効性·······················112
　　5）ベッドに寝ることが治療につながる····················113
　　6）ベッドの上と下の清掃を楽に····························114

4 トイレに関する福祉用具··115
　1．ポータブルトイレに求められる性能························115
　　1）移乗のしやすさ···115
　　2）脱臭・消臭機能について·································116
　　3）その他の機能について···································116
　2．立ち上がり支援便座··117

3．その他の排泄支援機器 ………………………………………………117
5 風呂場に関わる福祉用具 ………………………………………………118
　　1．シャワーいす ………………………………………………………118
　　2．バスボード …………………………………………………………118
　　3．浴槽内いす …………………………………………………………119
　　4．キャスターつきシャワーいす ……………………………………119
　　5．入浴用リフト ………………………………………………………120
　　　1）懸垂式リフト ……………………………………………………120
　　　2）浴槽固定式リフト ………………………………………………121
　　　3）シャワーキャリー＋懸垂式リフト ……………………………121

Coffee Break

病院リハに期限がついた！ …………………………………………18
特定高齢者を探せ！ …………………………………………………24
止まらない介護の悲劇 ………………………………………………49
介護保険で本格的なリハビリテーション !? …………………………50
段差の罪悪って，なぁーに？ ………………………………………59
「住みかえ支援機構」って？ …………………………………………83
老いも若きもバリアフリー …………………………………………84
激増！　悪質リフォームにご注意！ ………………………………108
ベッド，継続使用OKでした！ ……………………………………122
要介護者の行き場所がない …………………………………………123

装丁　関原直子

第 1 章

人の人生を変える
福祉住環境とは？

1 / 何のために福祉住環境は必要なのか？

1．「もう少し，生きてみようかな」，そう思わせる福祉住環境

―新井繁さん（仮名，73歳，男性）のケース―

　元高校教諭であった新井繁さん（仮名，73歳，男性）は，5カ月前に脳卒中（脳梗塞）で倒れ，右片まひとなった。繁さんは介護者である妻（68歳）と二人暮らしであった。3カ月間入院し，その後2カ月経過した繁さんは，オムツを着け，そして床に敷かれた布団で寝たきりであった。退院時，介護保険制度に関することも含めて，ソーシャルワークも行われず，単に病院側の都合のみで放り出された結果であった。介護保険制度が開始されて間もないころのことである。

　2カ月前の入院時には，20°ほどギャッジアップされたベッド上で自力で起き上がってベッド端に座り，そこから一人で立ち上がることができた。その後廊下の手すりを使って安定して歩き，独力でトイレに行き，下衣の上げ下げも含めて，自立していた。しかし，退院した家にはベッドも手すりもなく，トイレは和式便器であった。

　もちろん病気になる前は，大便のときにトイレでしゃがむのが少し億劫な程度で，何の不自由もなく暮らしていた。しかし，体の少しの障害と家の少しの不備のために，繁さんは現在「オムツをして，寝たきり」であった。尿意も便意も正常であった。いすからであれば何かにつかまって立ち上がることができた。手すりがあれば安定して歩くこともできた。認知症などの症状も皆無であった。そのような繁さんが，訪問した私へ最初に言った一言が「早く，死にたい」であった。

　「死にたい」と考える理由を繁さんに尋ねると，「オムツの中で用を足すのは気持ちが悪いうえに情けない。しかし，そのこと以上に，（妻に）オムツを取ってもらうことが苦痛だ。そして，そのときに妻のため息を聞くのがさらにつらい」ということであった。また繁さんは，妻による介助なしでは床に敷いてある布団から立ち上がることができないことで，その介助を行う妻に気兼ねをして，可能な限り寝ているようにしていた。一日の大半を「天井を見て」過ごす日々に，繁さんは絶望していたのであった。

　アセスメント後，「福祉用具導入と住宅改修によって入院時に近い住環境にすれば，一人でトイレに行くことができるようになるだろう」という説明に対し

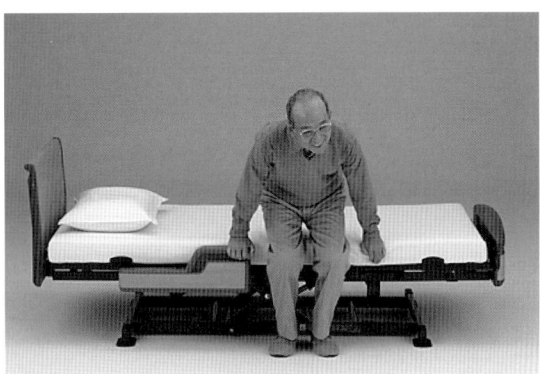

●図 1-1　貸与した電動介護用ベッドのイメージ
（写真提供：パラマウントベッド株式会社）

●図 1-2　トイレまで連続して取り付けた手すり（建具にも取り付けた）

●図 1-3　福祉住環境整備後のトイレ：和式トイレの洋式化と手すりの設置

て半信半疑な繁さんと妻であったが，その町の保健師の勧めもあって，介護保険を最大限利用した福祉用具導入と住宅改修のサービスが行われた。

　まず，電動介護用ベッド（**図 1-1**）を貸与し，廊下には手すりをトイレまで取り付けた（**図 1-2**）。トイレの壁にも手すりを取り付けたうえに，和式便器は洋式にした（**図 1-3**）。

　これら最低限の福祉住環境整備によって繁さんは，入院時のように再び自力でトイレに行くことが可能になった。「（独力では）絶対にトイレには行けるわけがない」と思い込んでいた妻も驚きの瞬間であった。

　繁さんは，ほんの少しの福祉用具を導入し住宅改修を行ったことで，絶望が希望に変わり，生活もまったく別のものへと変化した。妻も介護負担が少なくなった分，ため息が消え笑顔も出るようになった。

　確かに，家屋が変わり繁さんに家が適合した。しかしそのこと以上に，繁さんと妻の生活が別次元のものへと変わり，「早く死にたい」から「もう少し生き

てみよう」へと，人生への考えが大きく変わった。

　これこそが，われわれが目指さなければいけない「福祉用具導入と住宅改修」，いわゆる「福祉住環境」なのだと考えている。

　福祉用具は，生活に便利な道具だから導入されるわけではない。住宅改修は，家を改造することだけではない。福祉住環境は利用者とその介護者の「生活を，そして人生を変えるため」に行われなければならないサービスであると考える。

> **福祉住環境語録-1**
> 福祉住環境は，利用者とその介護者の生活，そして人生を変えるためのサービスである。

2．福祉用具の重要性

　われわれは事故に遭い，または病気になる確率を誰でももっている。体に障害をもってしまったときに，ほとんどの人は「なぜ，自分だけがこんな目に遭うのだろう。何か，（神より罰を受けるような）悪いことをしたとでもいうのか…」のごとく，矛先を向けるところがない理不尽さがこみあげるのと同時に，不安に襲われる。そして，多くの人は誰にもぶつけられない怒りや悲しみにじっと耐え続ける。人間である以上，時には抑制しきれない感情が爆発することもあるだろうが，その後多くの人は少しずつ前進を始める（障害受容）。

　そのような人の生活を，そして人生を支えるための道具のすべてが「福祉用具」である。介護保険や医療保険，その他多くの制度の中で仕事をすることがほとんどである，われわれサービス者は，それらの制度の中で対象となっている福祉用具がすべてであるかのように錯覚しがちである。ここで重要なことは，制度内で給付されている福祉用具は，必要とされている福祉用具の中の「ほんの一部」であるということを忘れないようにすることであろう。当然，それらの制度によって給付される福祉用具以外にも多くの福祉用具がある。それら福祉用具を利用者の生活継続のために適時・適切・適量に導入し，障害をもつ前と同じくらい，またはそれ以上の人生を謳歌できるように支援するために，われわれサービス者はもちろん，介護者をはじめとする家族も含めて，少しずつでも福祉用具の知識を積み上げることが重要である。

　もちろん，それら福祉用具が集約され，生活が継続される場所である「家」も，住宅改修によってある意味「福祉用具」になる。逆に，住環境が整うことで福祉用具導入の選択肢が広がる。

2. 福祉住環境が必要な理由

1．家は誰のために建てられるのか？

　家は当然,「そこに住む人たち」のために建てられているはずである。家族全員の希望をもとに，家全体のデザインや間取りなどが決められていく。このような大まかな部分については，限られた予算の中でいろいろな配慮を家を建てる側（建築施工者）も行う。しかし，細かい部分や目に見えない壁の中などは，そこに住む人の体格なども含めた身体状況やライフステージなどをあまり考慮することなく作られている。しかし，時間の流れの中で人間の生活を考えたときには，これら細かい部分や目に見えない壁の中などに関することこそが，非常に重要になってくる。

　それでは，誰のために家は建てられているのか。その答えは,「架空の"若くて体力がある健康な人"が暮らす」ことを前提に建てられているということである。この頑強で健康な架空の人間のことを,「剛健イメージ人間」と呼ぶことにする。

　剛健イメージ人間は当然，歳をとらない。事故や病気で体に障害をもつこともない。この人間は，どのような段差が数多くあったとしても，非常にトイレが狭かったとしても，いかに風呂場の床が滑ったとしても，まったく問題にならない。したがって，どんな家であっても，剛健イメージ人間は幸せに暮らすことができるのである。

　人間，若いとき，もしくは健康なときには剛健イメージ人間に近い，またはそれ以上に頑強で健康な体をもっている。段差や滑る床，部屋の狭さなど，生活にかかわる「家の不便さや欠点」が多少あったとしても，それらに即時的に適応し，それらの欠点があたかも当然のことのように生活ができる。このような能力のことを「環境適応能力」というが，これは人間がほかの生物に誇れる偉大な能力である。人間はこの能力と知恵があるからこそ（知恵が前提ともいえるが），北極圏から赤道直下までの自然環境が大きく異なる場所で繁殖できるのであろう。

　若くて健康なときは，多少の段差や使い勝手の悪さなどを含めた「家の不便さや欠点」も，優れた身体機能で補うことができる。不便さを感じながらも，短期間で「家に適応」してしまう。言い方を変えると，人間のもつ環境適応能力が住宅のバリアフリー化やユニバーサルデザイン化を遅くし，その結果，今この瞬間も，剛健イメージ人間のための家やビルが，日本各地で建てられてい

るのである。

2．家が「障害物と凶器」に変わるとき…

　若くて健康な状態が続くのであれば，また環境適応能力が未来永劫，高いレベルで維持されるものなのであれば問題はない。しかし，実際の人間は年々確実に老化していく中で大多数の人は身体能力が落ち込み，あるいは事故や病気で身体に障害をもつこともある。このように，われわれの身体能力が剛健イメージ人間からかけ離れたときこそ，家が「障害物と凶器」に変わるときなのである。

　脳卒中に罹患し，何カ月間かの理学療法後，不安定ながらも杖をついて歩けるようになったが，退院後，自宅の小さな段差につまずいて転倒，骨折し，二度と歩くことができなくなった人がいた。

　風呂場の洗い場で滑って転倒し，頭部外傷で植物状態になった人がいた。

　玄関の段差のために，人の手を借りないと外出することができないために外出をあきらめ，家から外を眺めて1年のほとんどを過ごす車いすの人がいた。

　これらのことは，「人が家に合わせてきた」ために起こっている災難といえる。剛健イメージ人間ばかりを，意識的または無意識的に考えるようにしてきた，建築の罪悪ともいえるであろう。しかし，日本の高齢社会は待ったなしの状況である。家が障害物となって生活を制限され，時には家が凶器となって大けがをして寝たきりになり，天井だけを何年も見続けて，そして亡くなっている人がたくさんいるということから，人の生活や住宅にかかわるサービス者は目を背けてはならない。そのような場面でこそ，福祉住環境が本領発揮するのである。

　福祉住環境とは，「人が家に合わせてきた」ことで起こっている利用者の生活上の不都合を，「人に家を合わせる」ことで解決する考え方や技術である。

3. 福祉住環境の8つのコツ

　福祉住環境整備にかかわるときに，常に念頭に置いてもらいたい8つのコツを紹介する。ただしここでは，基本的に介護保険におけるサービス時を前提としている。

1．利用者の「ニーズ」が出発点である

　介護保険によるサービスに限らないが，ケアマネジメントを行う場合，具体的な福祉用具品目や住宅改修方法などを頭に思い浮かべながらのアセスメントは行ってはいけない。あくまでも，そのような具体策を考えるのはニーズを抽出し終わってからの作業である。

用語のチェック

その1 ―ニーズ（needs）とは―

　多くの研究者や実践者によってさまざまな定義づけがなされている。イギリス保健省が発行している「ケアマネジャー実践ガイド」によるニーズの定義を紹介すると，「特定の機関や自治体によって判定された，個人が社会的な自立または生活の質を一定以上のレベルにまで到達，あるいは維持または回復するために必要なもの」となっている。

　本書では，ケアマネジャーなどの専門家によって導き出された「利用者が生活を継続していくときに，それを阻害する複数の因子が複雑に絡み合っている問題点のこと」としたい（図1-4）。

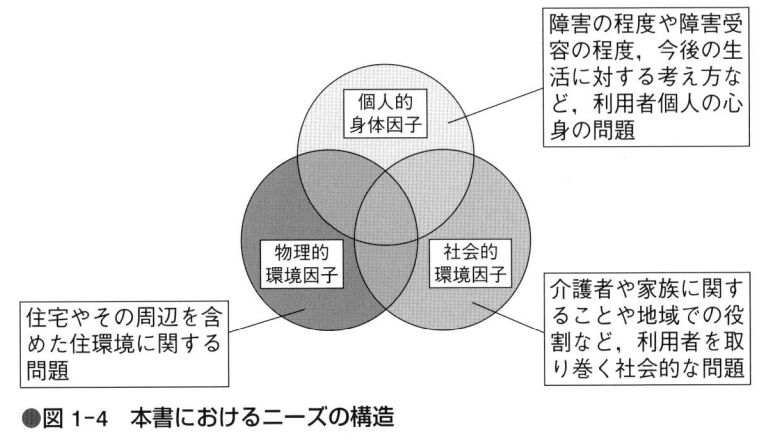

●図1-4　本書におけるニーズの構造

ニーズを曖昧にしたままに具体策を考えることは，サービスの幅を狭めるばかりでなく，利用者にとって適切となる福祉用具導入や住宅改修に結びつかない場合が多い。ニーズを抽出し終えてから初めて，福祉住環境について，それらの必要性に関する判断も含めて（もしかしたら，福祉住環境整備を行うことで問題点をさらに複雑化させるかもしれない＝マンパワーによるサービスのほうがより適当なのかもしれないなどの判断），具体的なサービスを考えるようにする。福祉住環境に限らず，すべてのサービスにおいて，常に「ニーズが出発点」ということである。

福祉用具は便利だから導入するものではない。住宅改修では壁があるから手すりを取り付けるわけでもない。その人らしい生活（人生）を送ることを支援するために必要な福祉用具が，たまたま「その福祉用具であった」ので導入したのである。そして，その人らしい生活（人生）を送ることを支援するために必要な住宅改修が，たまたまそこの壁に手すりを付けることだったということなのである。

つまり，具体的な福祉用具や住宅改修方法からサービスを考えるのではなく，利用者のニーズからサービスを考えることで，それらを解決するための最良の福祉用具導入や住宅改修が可能になる。

２．訴えの奥の奥にある「潜在ニーズ」を把握する

福祉住環境を整備するとき，利用者本人や介護者を含む家族の訴え（要望）は，たいへん重要である。しかし，それらはほとんどの場合，ニーズのほんの一部分であり，ニーズそのものではない。したがって，それら訴えの解決のみを目標に福祉住環境を整備したとしても，大きな効果は期待できない。ニーズとは，専門家による系統化された客観的な評価（アセスメント）をもとに，専門家によって導き出されるものである。利用者本人やその家族は，自らのニーズに気づいていないことがほとんどである。したがって，利用者たちが気づいている訴えの奥に潜むニーズを顕在化させ，福祉住環境を整備することが重要になる。

例えば，寝たきりに近い利用者がおり，介護者による懸命の介護にもかかわらず，仙骨部に褥瘡ができてしまったとする。利用者やその介護者の要望は「褥瘡ができないようなマットがほしい」であったことから，導入する福祉用具として「エアマットの貸与」がすぐ思いつくはずである。しかし，このサービスでは介護者の訴えに対して，単純に応えたに過ぎない。このようなサービスは専門家でなくともできる。

この場合，いろいろな原因や理由で「寝たきり」であること自体がニーズなのであり，その根本的部分を解決する必要がある。いわゆる，座位に結びつくような運動を行い，早期にベッド端に「座ってもらう」ことである。そのためには，看護師による褥瘡の処置を行いつつ，セラピストによるベッド端に座るための指導を行うことが，今回のニーズに応えるサービスとなる。もちろん，介護者に対する諸知識の伝達も重要となる。

したがって，ここで行う福祉住環境の整備として導入すべき福祉用具は，「褥瘡予防機能のあるベッドマット」に加え，安定した座位が取れる高さおよびベッド周りでの介護がしやすい高さの両方に合わせられる「ハイアンドローおよびギャッジアップ機能つき電動ベッド」，そして「介助バー」となる。また，当然ベッドマットはベッド端での座位を不安定にさせないような機能が求められる。

福祉住環境語録-2
潜在化しているニーズを顕在化させることも，福祉住環境にとって重要だ。

3．福祉住環境整備の「3つの段階」を意識する

福祉住環境を整備するときには，福祉用具供給事業者が福祉用具を利用者宅へ搬入する場面や，建築施工事業者による工事場面を強くイメージしがちであるが，それらは福祉住環境整備のほんの一過程である。

福祉住環境によって解決したい目標は利用者の生活障害であり，たとえ酷似した身体障害程度の利用者であったとしても，生活障害はそれぞれがもつ人間関係や価値観などの多様な因子が影響し，まったく異なったものとなる。そのような多様な存在である利用者が自宅での生活を継続するための住環境は，実際に工事を行う建築施工事業者をはじめセラピストや看護・介護職など，多種多様な専門職の連携なしには，利用者やその家族に満足してもらえるような質の高いサービスは，到底できない。

そのような多職種による連携を前提とした福祉住環境の整備には，おおよそ3つの段階（図1-5）が必要である。

1）第1段階：潜在ニーズの顕在化と変化するニーズの追従

この段階は，利用者やその家族に，福祉住環境に関連する自らのニーズに気づいてもらう段階である。

多くの利用者は「自宅でいろいろなことができないのは，自分の身体障害のためなのだ」というように，現状に悲観し，生活上のさまざまなことを後ろ向

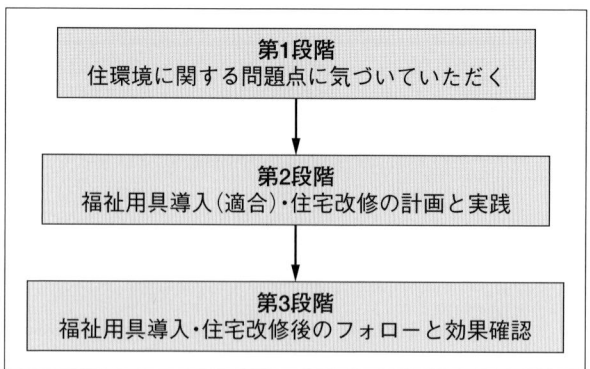

●図1-5　福祉住環境整備の3つの段階

きにしかとらえられない状況である場合が多い。また，利用者自身は住宅の問題に気づいていたとしても，経済的な負担を負わせてしまう家族への気兼ねなどにより，要望として言い出せないでいることが多い。

　介護保険の中では，このときに介護支援専門員（ケアマネジャー）が自らのアセスメントの結果をもとに，「身体の障害よりも，住宅のほうに原因がある」ということを利用者やその家族に説明し，福祉住環境に関するニーズに気づいてもらい，福祉用具導入や住宅改修というサービスを行うことについて納得してもらうことが重要である。

　このケアマネジャーをバックアップする目的で，セラピストがアセスメントを行い，その結果をもとに住環境と介護量との間に深い関係があることや，それを解決するために福祉用具導入や住宅改修というサービスがあることを正確に伝えられれば，さらに説得力が増す。このときに，これまでに経験した改修例を示して，その効果について具体的に説明することが最も効果的である。

　この段階をおろそかにし説明不足のままで工事を始めると，トラブルにつながることが多い。なぜなら，住宅改修を行うときにサービス者は，多かれ少なかれ家屋という個人財産に修復が困難であるキズをつけるからである。この段階では，住宅改修や福祉用具導入の大まかな目的と，予測される大まかな改修箇所を示す程度でよいが，必ず住宅改修に対し，利用者およびその家族に「納得」してもらうことが重要である。初回評価時にこの段階を確実なものにすることで，利用者やその家族の意見がまとまり，スムーズに次の段階に進むことができる。

　また解決されたニーズは，新たなニーズを生み出す。住環境に関するニーズも同じである。ケアマネジャーだけでは，そのような日々刻々と変化するニーズを追随することは難しい。そこでケアプランに沿って，日常的に利用者にかかわるホームヘルパーや看護師，理学療法士，作業療法士などが，新たな住環

境に関するニーズの発見のために必要となる。

> **福祉住環境語録-3**
> 福祉住環境によって解決されたニーズは，新たなニーズを生む。

2）第2段階：福祉住環境計画の立案と施工

第2段階は，福祉用具の選定および導入と住宅改修サービスにおける計画と施工の段階である。

福祉住環境の整備では，福祉用具を導入し，家屋を改修することを介して，「利用者やその家族の生活（人生）を支える」ということを目標に生活全般に対する評価を行い，施工へとつなげなければならない。したがって，家屋を評価するのではなく，あくまでも利用者およびその生活ぶりをよく評価して，利用者が今後「どのような生活を送りたいのか」などについての要望などに関する情報を十分に集めなければならない。そして利用者やその家族が「より自分らしい，潤いのある生活（人生）」を送ることができるように，慎重かつ大胆に改修計画を立案し，早期に施工しなければならない。

そのためにはこの段階において最低，住宅改修ニーズを把握しているケアマネジャーと，人間の生活や動作から住宅改修を考えることのできるセラピスト，実際の建築施工を担当する建築施工事業者，そして福祉用具の選定を行う福祉用具専門相談員という4人の専門家が連携する必要がある（その大まかな役割については後述する）。

また，釘やネジを打ち込むことから建築施工事業者は，特に取り壊し箇所や増設箇所を含めた施工方法や手順，工期などについて，利用者とその家族に十分な説明をし，最終確認をしなければならない。

施工に関しては，比較的大規模な改修では建築会社や工務店に依頼する必要があるが，介護保険の中で多く行われるような小規模な住宅改修では，建築設備関係（水道，電気関係）や内装関連，福祉用具供給事業者も十分に対応できる場合が多い。

また，集合住宅（アパートや賃貸マンションなど）においては，そのオーナーや管理会社，住民による管理組合などの承諾（都道府県や市町村による集合住宅では関係部署）などが必要であることも忘れてはならない。

> **福祉住環境語録-4**
> 住宅改修では，多かれ少なかれ個人の財産である家屋にキズをつけることから，施工の前には念には念を入れた説明をしよう。

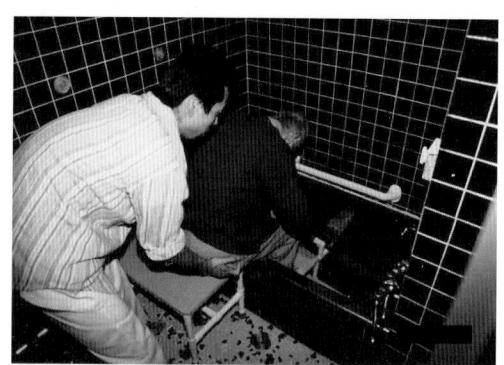

●図1-6 福祉住環境整備後における動作指導の様子

3）第3段階：モニタリングとリスクマネジメント

　この段階は，福祉住環境の整備終了後，サービスされた福祉住環境による効果のモニタリングの段階である。またモニタリングの前後に，動作指導などのフォローも行う必要がある（**図1-6**）。

　たとえ適切な福祉用具の選定や質の高い施工が行われたとしても，利用者が日常生活の中で，それら導入した福祉用具や家屋の改修した部分を継続的かつ適切に使うことができなければ，福祉住環境整備による効果は期待できないうえに，逆に介護量を増やしてしまう場合がある。さらに，間違った使い方をしてケガをすることさえある。

　そこで福祉住環境整備後，利用者やその介護者は動作指導をセラピストなどから受け，改善された住環境の中での適切な使い方や動き方を身につける必要がある。そのうえでモニタリングを行い効果を検証し，不適切な箇所をさらに改善することが重要である。**図1-6**は，風呂場の改修後に，セラピストによる入浴動作指導が行われているところである。このようなセラピストや福祉用具専門相談員などのサービス者による動作指導が，福祉住環境整備後の日常生活上の事故などを回避することになることから，「リスクマネジメント」の段階ともいえよう。

4．一人で悩まずに，仲間を作る（専門家の連携）

　福祉住環境整備に限らないが，介護保険制度下においてはケアマネジャーが介護全般およびそのマネジメントの専門家とはいえ，もてる知識と経験には限界がある。また同様に，福祉住環境整備にかかわる専門家や関連するサービス者それぞれにも，得意とするところと不得意とするところがあり，単独での適

切な福祉住環境整備は困難である。しかし，それぞれのサービス者がそれぞれ「福祉住環境整備についてのすべてを理解していなければ，サービスはできない」ということでもない。重要なことは，自分の足りない知識や経験をカバーしてくれる「頼れるチーム」を作ることであり，その努力を欠かさないことである。

理想的には，福祉住環境に関するサービスを実施するときに連携するサービス者としては，自らのアセスメント結果によって福祉用具導入や住宅改修に関するニーズを把握しているケアマネジャーと，そのケアマネジャーの強力なサポーターであるセラピストが，まずその役割を果たす必要がある。セラピストは利用者の諸動作分析を中心とした身体機能面を評価し，今後の身体上の変化や予後を見据えながら，利用者が家屋から被っている問題点を導き出し，必要な福祉用具の性能などについての情報を提供する。続いて，福祉用具専門相談員が，セラピストからの情報をもとに福祉用具を選定する。そして再びセラピストが，選定された導入予定の福祉用具によって変化するであろう利用者の動作を想像しながら，具体的な改修箇所や手すりなどの設置位置や設置高さを決めるための判断材料を建築施工事業者に示し，建築施工事業者が具体的な材料や施工方法，段取り，大まかな費用を検討し，速やかに改修を行うようにする。

福祉住環境語録-5
単独で利用者のニーズを抱え込んではいけない。複数の専門家が連携して，それぞれの得手を発揮しつつ，福祉住環境サービスを行う。

5．動作分析を簡易に行い，簡易に説明する

福祉住環境においては，実は「利用者自身が常にわれわれサービス者に対して，サービスのヒントや答えを投げかけている」ということが重要なポイントである。逆に，利用者から投げかけられたサービスのヒントや答えを素直に形にしていく作業こそが，福祉住環境整備であると考える。

その具体策の一つとして，福祉用具の導入や住宅改修を適切に行ううえで，利用者本人の生活動作や介護者の介護動作を分析することが挙げられる。しかしその分析は，動作分析を専門の一つとするセラピストにとっても至難の業であるうえに，分析結果について，利用者やその家族をはじめ，他の連携する専門家にもわかる言葉やジェスチャーで伝えなければならない。

そこで，人間の動作の安定に関係する「重心」と「支持基底面」という2つの要素から，簡易に（大まかに）動作分析をすることを奨励したい。

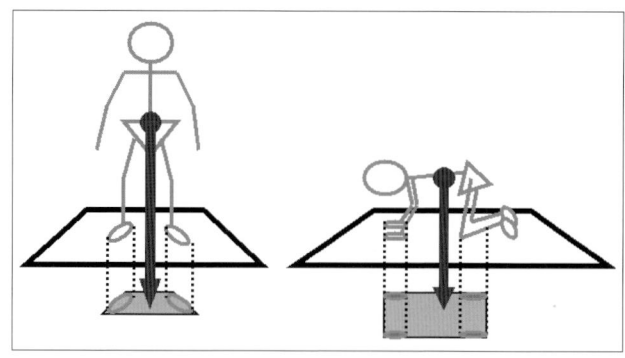

●図 1-7　肢位による支持基底面の変化と重心

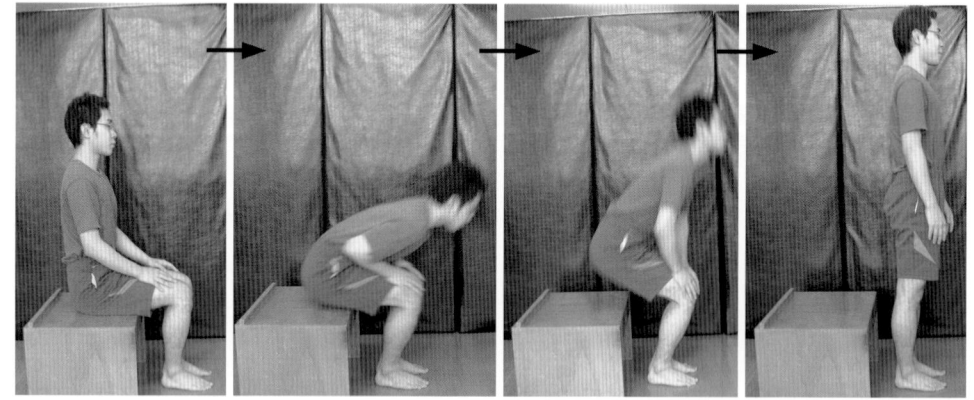

●図 1-8　立ち上がり動作と重心

　図1-7のように，重心とは人体の重さの中心となる点であり，支持基底面とは身体と地面が接触している外周部分を結んだ図形全体を指している。この支持基底面が広ければ広いほど（例えば，四つ這い），姿勢や動作は安定する。支持基底面が広ければ，容易にその支持基底面内に重心をとどめておくことができるが，支持基底面が狭ければ狭いほど，その基底面内に重心をとどめておくことが困難となる。そして単純化すれば，日常的な諸動作中の転倒は，この支持基底面の外に重心が出てしまい，その重心を支持基底面内へ戻すという修正ができなかったときに起こるものと分析できる。

　例えば，廊下をまっすぐに歩いているときは比較的支持基底面内に重心が入って安定しているが，廊下を曲がるときに支持基底面から重心がはみ出して不安定となってしまうことが多いと分析したならば，当然，その廊下の曲がり角部分に，その重心を支持基底面内にとどめておくようにする目的で，縦手すりなどが必要となる。

　また，いすからの立ち上がりを例にすると，いすからの立ち上がりとは「椅

座位安定時に臀部の中央にある重心を，左右の足部を結んで形作られている支持基底面の中に移動させながら，同時に少しだけ上方にも重心を移動させる動作」と分析できる。つまり，立ち上がりとは前方に重心を移動させることがメインであり，「上に立つ」のではなくほとんど「前に立つ」のである（図1-8）。したがって，当然手すりなどの福祉用具は，前に立ち上がりやすいように工夫しなければならない。この工夫の程度が利用者それぞれで異なることから，利用者の動作（利用者がわれわれに示している福祉住環境整備の答えなど）をよく分析し，福祉住環境整備を行わなければならない。

6．「自分らしさ」につながっているのかを確認する

　福祉用具導入や住宅改修などの福祉住環境整備を行う目的は，利用者の生活上の自立性や利便性を向上させ，介護量を減じるというレベルにとどまらず，それらを基盤として，利用者本人やその家族の「自分らしさ」をより多く達成させること，つまり，自分らしい生活を送ってもらうことであろう。したがって，ケアマネジャーをはじめ，福祉住環境整備にかかわるサービス者は，当然としてサービス後のモニタリングを決行し，サービスされた福祉用具導入や住宅改修によって利用者のどのような日常動作が自立し，介護者による介護量がどれだけ減じたかについて把握するとともに，それらサービスによって利用者本人とその家族の生活（人生）がどのように変化したのかという点についてまで，モニタリングを行う必要がある。

　しかし，利用者本人の「自分らしさ」にこだわるあまり，家族の介護量および介護負担を逆に増やしている（ケアマネジャーをはじめとするサービス者もそのことに気づいていない）という例をたびたび見かけることから，注意が必要である。家族の介護負担による疲弊は，利用者の生活継続を阻害する重大因子である。したがって，福祉住環境整備においては常に，実施されたサービスが本人とその家族の両方の「自分らしさ」につながっているのか，という視点でのモリタリングが重要である。

福祉住環境語録-6
利用者本人だけではなく，家族のことも十分配慮しよう。

7．クレームがあったときこそ，チャンスだと考えよう

　ケアマネジャーから本音としてよく聞く言葉は，「福祉用具の導入や住宅改修

に失敗すると，そのことによって所属している事業所の評判を落とすのではないかと心配で，必要であるとはわかっていても，積極的にそれらに関するサービス提供ができない」ということである。

しかし，現状だけにとどまらず，利用者の未来予測のもとでサービスを行う福祉住環境整備では，その予測から状況がずれることもしばしば起こることである。そしてそのことに伴い，クレームも多々みられる。人間は失敗するために行動しているようなものだと思う。重要なことは，失敗を恐れずに，持ち込まれたクレームに早急に対処し，利用者やその家族がさらに満足してくれる福祉住環境整備を行うことである。

ホームヘルプサービスや訪問看護などのマンパワーによるサービスの多くは，サービスが実際に行われた瞬間にサービスが完結するという，いわゆる「形に残らないサービス」である。一方，福祉住環境整備は，利用者の前に福祉用具が存在し，手すり設置や段差解消の状況が常時確認できるという，いわゆる「形に残るサービス」である。いわゆる，事後の善し悪しのチェックがしやすいサービスである。また，サービス時に予測された生活に対するずれともいえるが，福祉住環境整備時に問題がない場合であっても，生活を送る中で身体機能や生活能力，ライフスタイル，生活に関する価値観などの微妙な変化により，福祉住環境整備の当初に出なかった問題が，その後に出てくる場合もある。これらのことも，クレームが出やすい原因であろう。

しかし，「評判」や「信用」という観点では，クレームの有無は関係ない。「評判」や「信用」を落としている事業者はクレームの後のフォローが遅く，また不十分なところである。あくまでも利用者の側に立って，クレームに対して早急に誠心誠意対応すれば，決して評判を落とすことはない。逆に，その対応次第では，さらなる信頼関係の構築や次のビジネスに結びつくことが多いチャンスのときでもある。

さらに，それらフォローの中に次へのステップの秘訣が隠されていることから，クレームを恐れずに積極的に福祉住環境整備を展開し，これらサービスに関係する者たちには福祉住環境の経験とノウハウを積んでもらいたい。

> **福祉住環境語録-7**
>
> 失敗を恐れず，フォローを欠かさず。そうすれば，さらなる信頼関係が結ばれる。

●図 1-9　壁の色彩と合わせた手すりの設置

8．デザインやメンテナンス，清潔維持（掃除）のことも考える

　福祉用具は，機能的にいかに優れていたとしても，デザイン的に無骨で格好の悪いものであっては使ってもらえないうえに，利用者本人の「自分らしさ」に悪影響を及ぼすことがある。脳卒中の若い利用者が，あまりに機能優先の下肢装具のデザインに失望し，それを装着して外出することを拒み，歩くことをやめてしまった例を経験したことがある。また逆に，T字杖では格好が悪いと外出を嫌がっていた利用者が，ロフストランドクラッチに替えたところ，積極的に外出するようになったという例もある。「美しい」「おしゃれ」「かっこいい」「人に自慢したい」などと感じられるデザインもまた，自分らしい生活を送るために有効であり，必要なのである。

　福祉用具のみならず住宅改修においても，壁や建具などの雰囲気や色とまったく合わない手すりや，従来ある床材とかけ離れた色や材質のもので段差解消などを行うことは，利用者やその家族の家に対する思い入れやイメージなどとのミスマッチを起こし，そのことが原因で日常的なストレスや不満感を蓄積させる場合があることから，避けるべきであろう。予算などによる制限はつきまとうが，可能な限り改修部分の材質などに配慮し，福祉住環境整備を行うことが重要である（**図 1-9**）。

　また，「メンテナンスが簡単なのか」「清潔は保ちやすいものなのか」に関することは，利用者やその家族の，後々の経済的な面への影響や介護に付帯する作業量の増加にも直接関係してくることであり，この部分にも十分配慮して福祉住環境整備を行うことが重要である。

Coffee Break

◆病院リハに期限がついた！

　2006年4月から介護保険が大きく変わり，また，病院などで診療を受けたときに私たちが支払う医療保険も大きく変わりました。例えば，患者さん一人あたりの看護師の数の基準が変わり，より多くの看護師を確保する必要が生じました。病院同士が生き残りをかけて，看護師の引き抜き合戦を行っている地域もあります。なんともはや…。

　病院でのリハビリテーション（リハ）も変わりました。身体障害の原因となった病気が細かく分けられ，それぞれについて「期限」が設けられました。例えば，脳卒中であれば基本的に，診断された日から「180日間」しか医療保険を使ってリハを受けることができなくなったということです。ということは，期限後にかかるリハ関連の医療費が，すべて「自腹」になります。ちなみに，「基本的」と書いたのは，理学療法を受けることによってまだまだ回復すると予想できる場合などには，期限を過ぎても保険が使えるからです。しかし，脳卒中に対するリハでは，回復がある程度見込めなくなったとしても，そのときの最良の状態を「維持する」ということも，非常に重要なのです。

　ならば，「あとは介護保険によるリハ関連サービスを受ければよい」と言う人もいるでしょう。しかし，こちらは専門職不足などにより，病院で行うようなリハサービスを提供することが，いまだ難しい状況です。

　この状況に危機感をもって，東京大学名誉教授の多田富雄さんが中心になって，「リハビリ診療報酬改定を考える会」を作りました。多田さん自身，4年ほど前に脳梗塞になり，それによる重度の半身まひがあります。一所懸命リハを受けることでなんとか歩く機能を維持していましたが，別の病気で3週間ほどリハを休んだとたん，歩くことができなくなったという経験の持ち主なのです。まずはこの会で行った，厚生労働省に対してリハの期限撤廃を求めるための署名運動は，40万人以上の署名を集めました。

第2章

福祉住環境のイメージをつかむ：
具体的事例の検討

1　緊急・眠れない介護者を救え！

進藤加代さん（仮名，83歳，女性）のケース

1．プロローグ─毎夜毎夜，叫び続ける人─

　進藤加代さん（仮名，83歳，女性）は数年前に脳卒中（脳梗塞）になり，数カ月間入院した。

　十数年前に夫を亡くし，かわいがっていた孫たちも独り立ちした後，雑貨商を営んでいる長男（60歳）とその妻（57歳）との3人で，平々凡々と暮らしていた。そんなある朝，突然倒れたのである。

　まひ自体は軽かったものの(左片まひ)，全身状態の思わしくない日が続き，一日のほとんどをベッドの上で過ごすという入院生活を余儀なくされた。徐々に体力が落ち込み，一時期はベッドに腰をかけて座ることもままならない状態となった。

　そのような状況になるのと同時に，つじつまの合わない話をしたり，医療スタッフを亡くなった夫だと思い込むなどの，認知症の症状のような言動が現れはじめた。医師からは，この認知症のような症状は脳卒中による一時的なものであると説明された。しかし，その症状はどんどん進んで独り言が多くなるとともに，ベッドから床に降りようとしてベッドから転落しそうになるなど，一時も目が離されない状況となった。そのために，家族が付き添えない時間帯は四肢を抑制された。入院していることによる全身状態の改善がこれ以上望めないという理由で，ほぼ寝たきり状態のままで自宅へと退院した。

　その後，長男やその妻の献身的な介護によって体調も良くなり，退院時に給付された電動介護ベッド（日常生活用具給付事業による）で背起こしをした状態で，ベッドから転落することもなく，食事をしたりテレビを見るなどをしていたが，徐々に日中に寝ていることが多くなった。そして退院から半年ほど経ったある夜に，生活の昼夜逆転と「1時間ごとの叫び」が始まった。

　それは，毎夜毎夜10時くらいから朝方まで，「トイレに行きたい」と長男やその妻の名前を，1時間おきに叫ぶのであった。オムツを受けつけずに，それを着けても自分で外してしまう加代さんのために，長男とその妻は名前を叫ばれるたびに眠たい目をこすって起き，電動ベッドからポータブルトイレ（ホームセンターで買った）へ，座ることも立ち上がることも自力ではできない加代さんを，ほぼ全介助で移乗させ，そしてまたベッドに戻すということを，多いときには一晩に10回以上も繰り返す毎日であった（このうちに，本当に排尿

するのは 1〜2 回程度)。

　加代さん本人は日中ぐっすり眠っているが,長男とその妻は仕事があることから,約 2 週間ほとんど眠ることができず,体力的にも精神的にも限界が近づいた。

　このときに 2000 年 4 月となり,介護保険が始まった。長男の妻より相談されたケアマネジャー(保健師)の勧めで,介護保険の申請が行われ,認定調査と同時に,福祉住環境による緊急支援が行われることとなった。

今回の福祉住環境を考えるポイント

《被介護者》
　①ほぼ寝たきりの状態
　②認知症
　③昼夜逆転
　④トイレ介助(全介助)

《介護者》
　①介護者の寝不足
　②介護ストレスによる体力的・精神的限界

2．住居の状況

　住居は築 20 年の在来工法による,店舗兼住宅の木造 2 階建て(4LDK)で,加代さんの寝室は 1 階の店舗に隣接している和室(8 畳)である。特殊寝台(電動ベッド;3 モーター)がすでに導入されており,そのベッドに就寝している。食事および排泄などの日常生活に関する行為は,長男の妻によりすべてこの部屋で行われている。さらに,往診も受けていることで,この部屋でのみの生活で終始している。

3．同行したセラピストの所見

①認知症の程度を推測するスケールでは中等度程度の認知症であったが,セラピストの指示をかなり理解できた(長男は「いつもより少し調子がいい」と言った)。

②加代さん本人に手足を動かしてもらうと,予想以上に筋力があり,関節の動きも良いことがわかった。

③ベッドの高さを加代さんの膝下(下腿)の長さに合わせ,床に足の裏がしっ

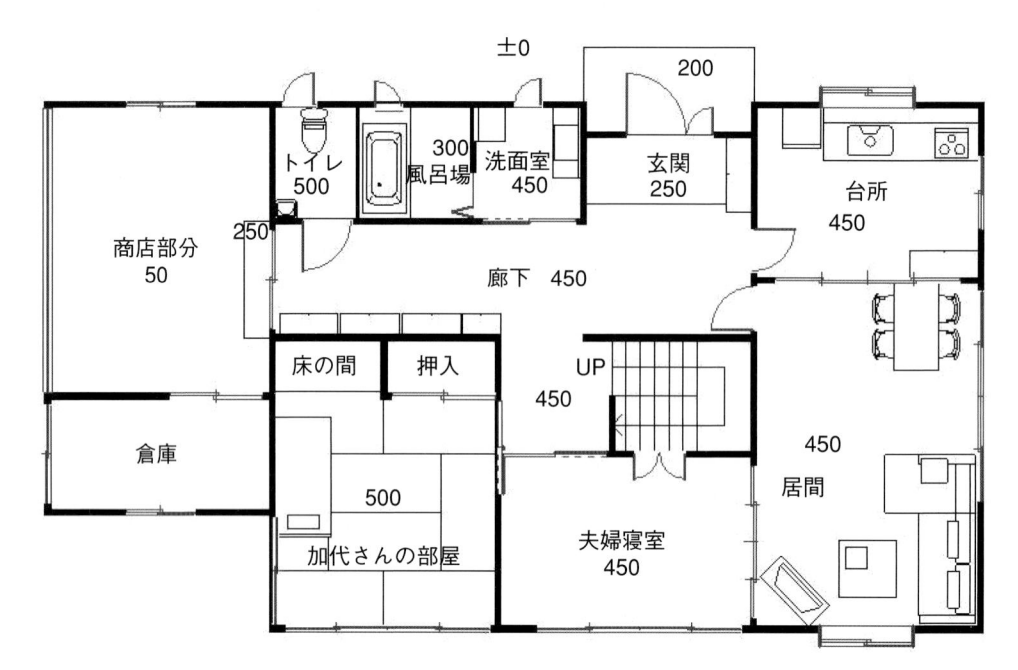

●1階平面図（スケール感：押入の大きさが約1畳 910 mm×1,820 mm）

かりと着くようにしてベッド端に座らせてみると，軽く支えただけで，しっかりと座ることができた。さらにその後，ベッド柵につかまって，なんとか自力で座っていられるようになった。

④セラピストが加代さんの横に座って，座位安定のための指導を行い，さらに寝ている状態から起き上がって座る練習をしたところ，ベッドを30°程度背起こしにした状態からであれば，できるようになった。

⑤立ち上がりは不可であったが，セラピストによる練習後，何かにつかまれば，自力で椅座位の状態でお尻をずらすことができるようになった。

4．エピローグ

通常，ポータブルトイレに移乗するにはベッドから立ち上がれなければならないが，何かにつかまった状態でベッドからお尻をずらすようにして，ポータブルトイレに移乗させてみることにした。

そこで，ベッドに介助バーを取り付け，肘掛けが取り外し可能で，かつ，座面の高さの調整が可能なタイプのポータブルトイレを導入した（図2-1）。そして移乗の練習と，ポータブルトイレに座ったままでズボンの上げ下ろしをする練習を何度か行ったところ，自力でできるようになった（図2-2）。このと

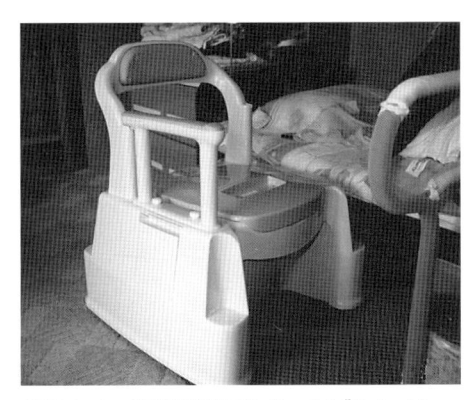

●図2-1 枕側に置いたポータブルトイレ
肘掛けの取り外しと座面の高さの調節が可能なタイプを導入した。

●図2-2 ベッドからポータブルトイレへの移乗

●図2-3 導入されたポータブルトイレと介助バー

き，通常枕側にはポータブルトイレを置かないものであるが，加代さんおよび家族の了解のもと，今回は「移乗のしやすさ」を最優先させて設置した。

　自力でポータブルトイレに移ることが可能となった加代さんを見て，長男とその妻からは「すごい，おばあちゃん!!」という言葉が出た。もちろん加代さんはその言葉を聞いて魅力的な「満面の笑顔」をし，ベッドとポータブルトイレの間を，何度も何度も行ったり来たりしていた。

　その後は，夜間に叫ぶこともなくなり，2週間後に私が3度目の訪問を行ったときには，顔色の良くなった長男の妻に両手を支えられ，加代さんは部屋の中を歩いていた。家のトイレに行くことができるようになる日も，そうは遠くないと判断できた。

　このケースで導入した福祉用具は，ポータブルトイレと介助バーの2点だけであった（図2-3）。しかし，それらが介護者を救ったばかりでなく，利用者の精神および身体機能も大きく向上させた。

■□もしもあのとき…□■
もしもあのとき、加代さんの身体能力の評価を怠っていたならば…。
①加代さんは相変わらず寝たきりで、姑息的なサービスとして夜間の訪問介護で対応していた。
②加代さんを夜間拘束し、むりやりオムツを使用した。
③短絡的に、グループホームもしくは介護施設への入所となった。

Coffee Break

◆特定高齢者を探せ！

「地域支援事業」は、2006年から始まった介護保険による新サービスの1つです。介護保険に申請していない人や、介護認定で「自立」と判定された人たちが利用できるというものです。

これは、高齢者がより自立した生活を続けられるように、早期から支援して、介護状態になることを予防すること（介護予防）を目的としています。65歳以上の高齢者全員が対象で、それを2つに分けています。

1つは、介護が必要でない元気な人たちで、「一般高齢者」と呼んでいます。この人たちには、パンフレットや講演会などで介護予防の情報や知識を提供し、介護予防の活動をボランティアとして行うときの支援などのサービスが行われます。

もう1つは、今のまま生活を続けると介護が必要になる可能性の高い虚弱な人たちで、「特定高齢者」と呼んでいます。この人たちには、地域の通所介護施設（デイサービス）や公民館などに通っての栄養指導や筋力トレーニングなどの介護予防サービスが行われます。各市町村にはこれらサービスを実施する責任があり、現在、本格的なサービス実施に向けての準備作業が急ピッチで進められています。

しかし、ここにきて大きな問題が出ています。グループ分けは、市町村で行う「基本健康診査」の結果をもとにしますが、重要な「特定高齢者」が健康診査に来ないのです。たぶん、歩くことなどが困難で、健康診査の会場へ行くことが億劫だったり、会場まで来ることができなかったりしているのだと思います。

この地域支援事業が良好にサービスされれば、介護状態になる人たちがかなり減ると思われます。介護保険の費用を節約できるたいへん重要な事業なのです。

今こそ、希薄になった地域力を復活させ、民生委員やケアマネジャーと連携し、在宅というベールの中にいる特定高齢者に、外に出てきてもらいましょう。そのための鍵として、2007年春から本格的に定年を迎えている団塊世代の地域活動に期待せずにはおられません。

2 新築バリアフリー住宅でも自立しない

穐谷伸吾さん（仮名，52歳，男性）のケース

1．プロローグ―古い家でてんてこまい―

　穐谷伸吾さん（仮名，52歳，男性）は，2年ほど前に脳内出血で倒れて手術を受け，懸命にリハビリテーションを行ったが，重度の左片まひが残ってしまった。複数の会社の経営者として，無理に無理を重ねてきたためだろうと，介護者である妻（51歳）は思っていた。

　妻は，伸吾さんに復帰してもらい，今後も社長として働いてほしいと思い，リハビリテーション目的の外来通院を欠かさず，また，熱心に在宅介護を続けてきた。しかし，伸吾さんは思ったように回復せず，多点杖と補装具を使って，普通の人の1/10程度のスピードで歩くのがやっとの状態であり，移動の主力は車いすであった（室内自走可能）。また，同居している長男（26歳）と長女（24歳）も，通院時の自動車の運転や関連する介助などで，介護の一助はしているが，それぞれの仕事が忙しく，ほとんど家に戻られない状況であった。

　さらにやっかいな点は，住居が築40年以上経った古い家屋で，寒いうえに狭く，いたるところに大きな段差があるために，通院などで伸吾さんを外に連れ出すことを一つ取り上げても非常に困難であり，過酷な介護の毎日であった。介護をする妻が疲れたような顔をしていることが多くなり，そのような妻の顔を見なければならない伸吾さん自身も，「申し訳ない」という気持ちから，多くのストレスを感じていた。

　そこで家族で相談し，家を新築することにした。もちろんその目的は，伸吾さんの独力での車いす移動を可能にすることでより自立した生活にすることと，それに伴って妻の介護量を少なくすることであった。妻はいろいろな住宅メーカーや工務店をまわり，最も理想に近かったアメリカのバリアフリー仕様の輸入住宅を建てることにした。この住宅は，段差が小さく，廊下は日本住宅よりも広く作られており，ドアなども日本製よりも幅広であった。「これならば，車いすでいろいろできるようになるはずだ」と考え，いろいろな期待を胸に新居に移った伸吾さんとその妻であった。

　しかし，確かに介助量は減ったものの，介助の回数は以前とあまり変わらなかった。工務店と非常に多くの打ち合わせをし，手すりの取り付けなども行ったはずであったのだが，あいかわらず伸吾さんは日常生活のさまざまな動作において，妻による介助を必要とした。

妻は，新築したバリアフリー住宅への期待が大きかっただけに落胆も大きく，また今後も自分の時間をもつことができないかもしれないという不安によって，これまで以上に介護ストレスを感じるようになった。

「家を新築しても，結局ダメなんだ…」とあきらめかけていたころ，介護保険が始まり，すぐに申請を出した伸吾さんは，「要介護3」の判定を受けた。そして，ケアマネジャーのアセスメントから，伸吾さんのニーズを解決するためのサービスとして，住宅改修と福祉用具導入が必要であると判断された。

即，担当のケアマネジャーは伸吾さんと妻に，「専門家によるきめの細かい住宅改修により，かなり自立する可能性がある」ということを説明し，二人の意思を確認した2日後に，セラピストを伴って伸吾さんを訪問した。

今回の福祉住環境を考えるポイント

《被介護者》
①車いすでの移動が主力
②歩行可能（多点杖＋短下肢装具）
③歩行速度は遅い（実用的でない）
④職場復帰がしたい

《介護者》
①バリアフリー住宅への落胆
②自分の時間がないことへのいらだち
③介護ストレスの増加

2．住居の状況

木造2階建ての新築バリアフリー仕様の住宅で，間取りは5LDKである。伸吾さんらは，1階の寝室を使用している。

家自体は道路よりも800 mmほど高いところに建っており，道路から玄関まではスロープになっていた（図2-4）。玄関ポーチと玄関内部間には段差がなく（図2-5），上がり框部分の段差は80 mmであった。

トイレは，廊下に面したドアを開けると手洗いスペースとなっており，その奥のドアをさらに開けたところに洋式便器が設置されている。便器の両側の壁にL字型手すりが設置されていた（図2-6，2-7）。また，ドアノブは球形であった（図2-8）。

洗面室（脱衣所）と風呂場との間には段差がなく（図2-9），すでにシャワーキャリーが導入されていた（図2-10）。

●図 2-4　最後が急な，玄関から道路までのスロープ

●図 2-5　段差のない玄関ポーチと入り口

●図 2-6　便器の前の手前に開くドア

●図 2-7　すでに設置されていた L 字型手すり

●図 2-8　トイレのドア：球形のドアノブ

　　寝室は廊下の奥の突き当たりにあり，すでに特殊寝台（電動ベッド；3 モーター）が導入されていた。
　　リビングは広く，掃き出し窓の外に段差のないデッキが設置されていた（図2-11）。

●図 2-9　洗面室と風呂場間のグレーチング

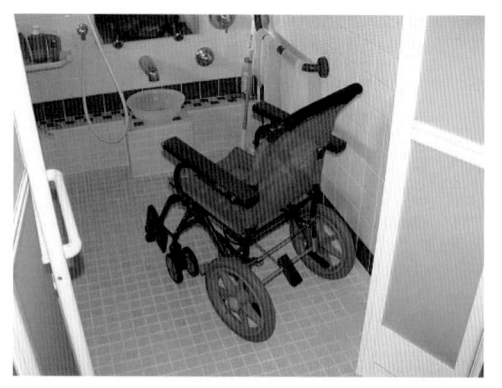

●図 2-10　すでに導入されていたシャワーキャリー

●図 2-11　室内と段差のないデッキ

3．同行したセラピストの所見

①玄関から道路までのスロープにおいて，途中までは伸吾さんが車いすで自走可能な 1/12 という勾配であったが，道路に近い最後の 2 m が急勾配になっていた。そのために途中までは前向きに進み，途中から 180°方向転換して，介助にて道路に出なければならなかった。

②トイレは，ほかの部屋と比較すると全体的に少し狭く，廊下のドアを手前に開けると手を洗うスペースがあり，その奥にあるドアをさらに手前に開けて，便座にたどりつくという構造になっていた。そのために，車いすで便座に近づくことができずに，便座への移乗の際に介助が必要であった。

③トイレの便器の左右両側の壁に取り付けられていた L 字型手すりは，取り付け位置が手前すぎ（便器に近すぎ）であり，最も手すりを必要とする立ち上がり時に役に立たなかったため，便座からの立ち上がりが非常に困難であった。しかし，車いすを便器に接近させることができれば，能力的にはトイレ動作は自立可能であると判断された。

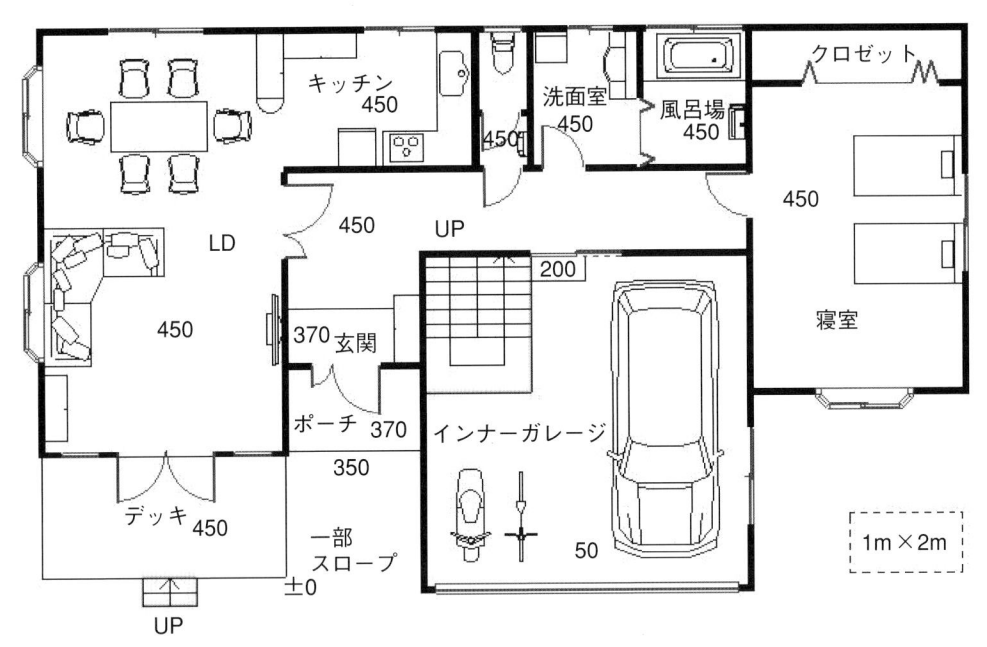

●1階平面図（スケール感：点線の四角　1m×2m）

④トイレのドアノブが球形であり，歩行で移動してトイレを利用するときに，杖から手を離さなければドアノブを回すことができず，ドアの開け閉めが困難であった。また，そのとき転倒する可能性があった。

⑤ベッドは，退院時に自費購入した3モーターの電動ベッドであった。しかし，立ち上がり介助バーを取り付けなかったために，伸吾さんの身体機能ではベッドと車いす間の移乗が不安定で，常に妻の見守りが必要な状態であった。

4．福祉住環境に関連するニーズ

#1：室内から敷地内の途中まで車いす自走で外出が可能であるにもかかわらず，最後の急勾配部分のために，妻らによる介助を必ず必要とし，そのために自ら外出を控えるようになった。

#2：移乗の機能が十分あるにもかかわらず，便器に接近できないことに加えて，手すり位置が不適切なために，トイレ動作全体に介助が必要であった。

#3：歩行でのトイレ動作時に，ドアノブ操作によって転倒する可能性があり，排尿までに余裕があるときには歩いていくことが可能にもかかわらず，そのことを行わないようにしていた。

●図 2-12　最後まで同じ勾配にしたスロープ

●図 2-13　改修後のトイレ
手前のドアを撤去した。

●図 2-14　改修後のトイレのドアノブ：
　　　　　レバータイプ

#4：移乗能力があるにもかかわらず，ベッドから車いすへの移乗時につかまるものがないために，移乗のたびに妻による見守りが必要であった。

5．エピローグ

スロープは庭の部分を少し削り，道路まで同じ傾斜にした（**図2-12**）。これにより，180°の方向転換の必要がなくなり，介助も必要なくなった。車いすが一気に道路まで坂を下りすぎないように，また，上りのときには一休みできるように，途中に平坦な部分（踊り場）を設ける予定であったが，敷地との関係で断念し，車いす操作の練習で対応した。通院時は，道路の手前まで自走にて車いすで移動し，長男が運転する自動車に乗り換えるという方法で行った。

トイレは奥のドアを撤去し，車いすからの立ち上がり用に縦手すりを取り付けた（**図2-13**）。壁のL字型手すりの位置は，当初の場所よりも前方に20cm出し，廊下に面した側のドアノブをレバータイプに変更した（**図2-14**）。これ

らのことによって，車いすおよび歩行の双方での移動方法によるトイレ動作が完全に自立した。

また，ベッドに取り付ける介助バーを導入する予定であったが，改修後，トイレ動作の自立などが自信となって身体機能が向上し，ベッドからの移乗動作が安定したために，導入の必要がなくなった。

現在は，伸吾さんは社長業をこなすかたわら，休日には家族を乗せた自動車を運転し，300 km 以上のドライブにも行くことができるようになった。

■□もしもあのとき…□■

もしもあのとき，トイレドアの撤去とトイレ手すりの位置変更，ドアノブ変更を拒まれていたならば（伸吾さんおよび家族は丸いドアノブを非常に気に入っていた）…。

①トイレ動作の自立のためには，廊下に面したトイレドアを開け，そこで車いすから立ち上がり，奥のドアを開け，便座に座ることになるが，その動作時には最低でも見守りが必要である。

②実際の改修では「トイレ動作ができたことで得られた，今後の生活継続への自信」がその後の身体能力改善を引き起こしたが，それが望めない。

③同様に社長業に戻ることもできなかったかもしれない。

3 テレビを見続ける人!?
加藤久志さん（仮名，62歳，男性）のケース

1．プロローグ—幼なじみのところに行きたい—

> たかが手すりといっても，たった数本の手すりで介護保険の要介護度2から，要支援になる場合もある。積極的な福祉用具の導入や住宅改修は，介護保険の要介護度にも大きく影響するのである。

　加藤久志さん（仮名，62歳，男性）は，退職後の第二の仕事に慣れはじめたとたんに脳卒中になってしまった。約半年間の入院生活を終えて，T字杖をつき，下肢に短下肢装具（後出図2-15の丸で囲われている補装具で，右が内履き，左が外履き）を装着状態で，自宅へと退院した。

　早速，退院したばかりの久志さんのもとへ，工務店を営んで近所に作業所をもつ幼なじみが，「家にばかりいないで，（作業所に）いつでも遊びに来い」と声をかけた。久志さんは，それから歩行練習を兼ねて，日に2回，幼なじみのところへ通うようになった。しかし，久志さんが出かけるためには，玄関の上がり框部分に座って，内履きから外履きへと補装具を履き替えなければならなかった。玄関に座るときに，妻の介助が必要であった。

　そのほかにも，入浴時の洗体や動作介助などが必要であり，退院当初は笑顔で行っていた妻であったが，妻自身も日常の雑事に追われて心に余裕がなくなり，ある日，玄関での介助中にため息をついた。その妻のため息を聞き逃さなかった久志さんは，「もうなんの役にも立たないのに，（妻に）迷惑ばかりかけている」と勝手に思い込み，その日から外出をやめ，居間で一日中テレビばかりを見る生活となった。久志さんは妻への気兼ねから，外出しないことにしてしまったのであった。それからしばらくすると，一日中ベッドに座ってテレビを見続けるようになり，さらに今度はベッドで寝転がってテレビを見たり，ボーッと天井を眺めたりという生活になりはじめた。当然，久志さんは徐々に歩くことができなくなったと同時に，つじつまの合わない話をするようになった。

　そんなときに2000年4月となって介護保険が始まり，即申請した久志さんは「要介護2」と認定された。その後アセスメントを行ったケアマネジャーが住環境の不備に気づき，住宅改修を行うことを久志さんと家族に勧め，了解が得られた。そして住宅改修のために，ケアマネジャーはセラピストを伴って再

び久志さんを訪問した。

> **今回の福祉住環境を考えるポイント**
>
> 《被介護者》
> ① 「外出したい」という意欲はある
> ② 妻に気兼ねしている
> ③ 入浴に介助を必要とする
> ④ 上がり框に座るときに介助を必要とする
> ⑤ 臥位となっている時間が多く，機能低下が起こっている
>
> 《介護者》
> ① 多忙により，心に余裕がない
> ② 介護継続意志は十分にある
> ③ 外出に関しては，特に自立してほしいと考えている

2．住居の状況

住居は築25年の在来工法による木造2階建て（6DK）であり，久志さんの寝室は1階の玄関脇にある洋室で，手前が久志さんのベッドである。廊下と寝室の間に5cmの段差があり，ほかに廊下と風呂場，玄関，屋外ではアプローチ部分に比較的大きな段差がある。

3．同行したセラピストの所見

① 玄関の上がり框部分へは，健側上肢で手すりなどにぶら下がるような形がとられれば，かなり安全に，自力で座位になれることがわかった。しかし，その手すり設置が最適と思われる場所には下駄箱があった。

② 金属支柱付き短下肢装具を装着すると，T字杖を使用して屋外舗装路を安定して歩けるが，杖による歩行では玄関の外の段差においてバランスを崩し，転倒する可能性があった。

③ 入浴に関しては，退院時にシャワーいすを導入済みであり，洗体の一部と，シャワーいすに座ったままで浴槽に入るときと浴槽から出るときに，妻による介助を必要とした。浴槽周りにつかまるところがないことが原因と考えられた。

④ トイレ動作に関しては，T字杖にて行き来し，洋式トイレにて行っている。便座での立ち座り時につかまるものがなく，可能ではあるが努力と時間を要する。

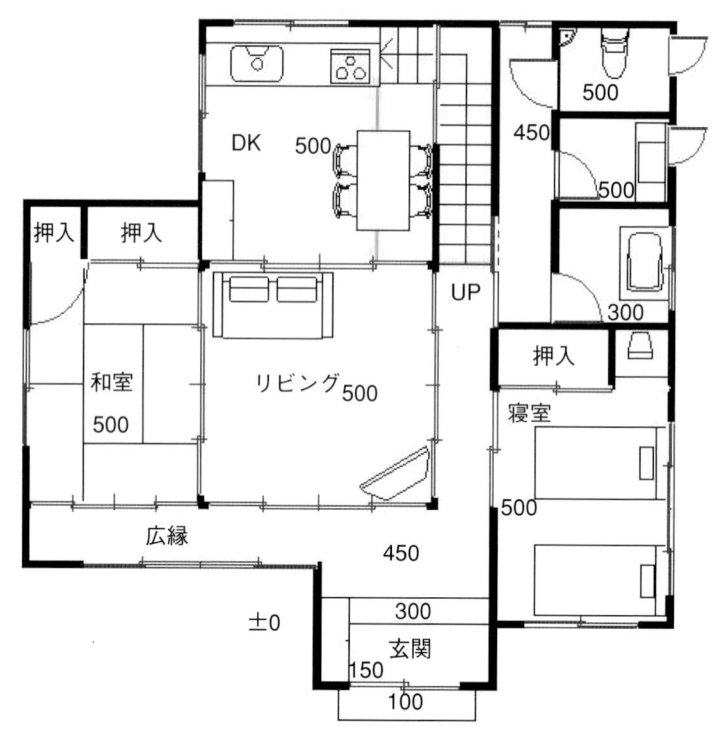

●1階平面図（スケール感：押入の大きさが約1畳 910 mm×1,820 mm）

4．エピローグ

　玄関の上がり框部分での立ち座り動作は,「ぶら下がるようにつかまることができる」ための工夫が必要であり，まさにその工夫のための絶好の場所に「下駄箱」があった。この下駄箱を強固に壁や土間部分に固定し，下駄箱を囲むように頑強に手すりを取り付けた（図2-15）。さらに，玄関の外の段差部分には行き帰り用の2本の手すりを設置した（図2-16）。

　このことにより，右手によって手すりにぶら下がるようにしながら上がり框部分に座り，内履き用の補装具から外履き用の補装具へと履き替え，再び手すりにつかまって立ち上がり，そして外出するという一連の動作が自立した。

　風呂場には，シャワーいすから浴槽へ移るときのために浴槽直上の壁に手すりを取り付け，シャワーいすから浴槽へ入り，そして出る動作の練習を行った。さらに，風呂場入り口部分の段差通過を安定させる目的で，ドアがロックするように工夫し，手すりを取り付けた（図2-17）。これにより風呂場内の移動および浴槽への出入りが自立したが，洗体などにおいては妻の介助を必要とした。

　トイレは，便器前方に手すりを取り付けたことによって，スムーズかつ楽に，

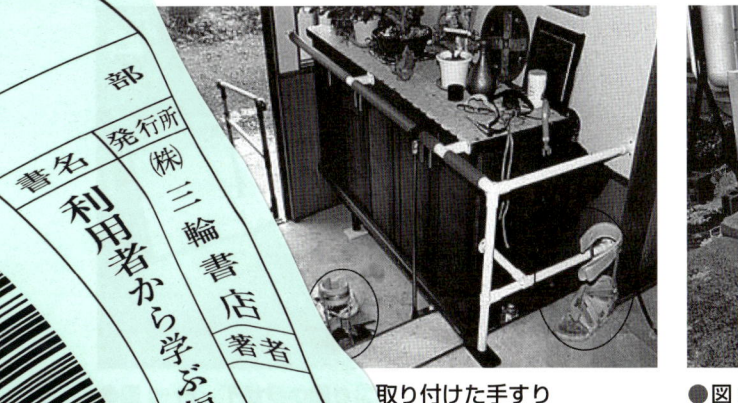

●取り付けた手すり 　　　　　　　●図 2-16　段差越えのための 2 本の手すり

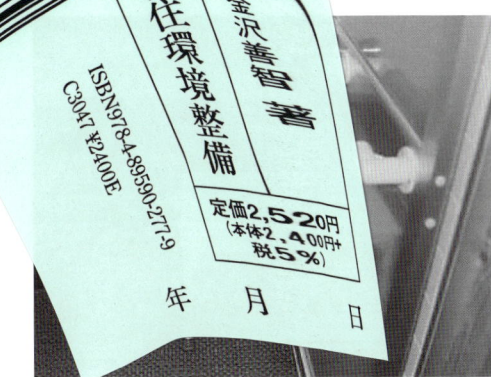

●図 2-17　風呂場のドアに設置した手すり 　　　●図 2-18　便器前方に設置した手すり

便座への立ち座りが可能となった（図 2-18）。

とりあえずは，最優先の懸案であった外出の自立が叶い，ほぼ毎日のように日に 2 回の外出が行われた。日に日に歩行が安定し，持続歩行距離が当初の 400 m 程度から，2 km へと飛躍的に伸びた。

約半年後に行われた介護保険の再認定では，2 段階アップの「要支援」となった。数本の手すりであっても，その効果は絶大であった。

■□もしもあのとき…□■

もしもあのとき，セラピストが同行しなかったため久志さんの動作の評価が行われず，そして玄関への手すり設置が行われなかったら…。

①久志さんはそのまま徐々に動くことをやめ，廃用症候群が進行した。
②要介護度が「要支援」ではなく，短期間に「要介護 3」程度まで悪化した。
③寝たきり状態となり，残りの人生が天井を見るだけの生活になった。

4 二人とも，安全に過ごせる家に

三村不二雄さん(仮名，87歳，男性)とミサさん(仮名，80歳，女性)のケース

1．プロローグ―二人が安全に過ごせますように―

　三村不二雄さん（仮名，87歳，男性）は妻のミサさん（仮名，80歳，女性）や長男夫婦，そして2人の孫という，3世代6人家族である。代々の農家で，不二雄さんもミサさんと手に手をとり，長い間おいしいりんごを毎年たくさん作ってきた。

　その不二雄さんは4年前に脳卒中（脳梗塞）になってしまい，右半身に痙性の片まひが残ったが，約半年間の入院中に理学療法および作業療法に励み，T字杖をついてなんとか歩けるようになって自宅へと退院した。入院中になされた要介護認定では「要介護1」であった。

　歩けるようにはなったものの，服の着替えや入浴，通院時などに妻のミサさんや長男夫婦の介助が必要であった。ミサさんは，なるべく不二雄さんの介護は自分がしたいということで，特殊寝台の貸与以外の介護保険によるサービスを使わずに，高齢の体にむち打って，3年間，懸命に不二雄さんの介護をした。しかし，その介護負担のためか，以前よりの変形性膝関節症が急激に悪くなり，両膝を人工関節に取り替えるという手術（膝関節全置換術）をすることになった。ミサさんは病院で理学療法を受け，4カ月後無事に退院したが，不二雄さん同様，杖なしでは歩くことができないうえに，大きい段差の上り下りができなくなった。要介護度は「要支援1」であった。夫の介助をすることはできなくなり，入浴時や外出時などに自分自身が介助を受けるようになってしまい，その負担が長男夫婦にのしかかった。

　担当のケアマネジャーはこのような状況に即対応し，ホームヘルプサービスを開始するとともに，不二雄さんには週2回のデイサービスを利用してもらうことになった。しかし，長男夫婦は自分たちが仕事で不在の日中に，「どちらかが家の中で転んでいるのではないだろうか」「トイレで動けなくなっているのではないだろうか」と不安になって，仕事が手につかない状況であった。

　また，ミサさんはホームヘルパーの介助があっても，立位で浴槽をまたぐことが困難であり，退院以来，シャワー浴のみとなっていた。さらに，不二雄さんからもデイサービスでの入浴に加えて自宅の風呂にも入りたいとの要望があり，長男はケアマネジャーに対して自宅入浴についての相談をした。

　担当ケアマネジャーは，屋内の移動時の安全性や入浴，玄関およびアプロー

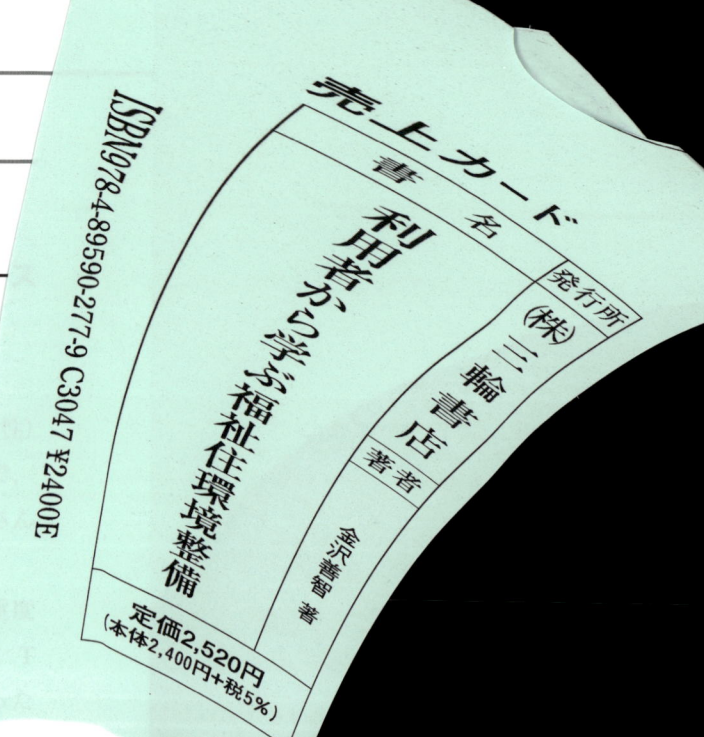

チについて，住宅改修サービスで対応しようと考えた。

> **今回の福祉住環境を考えるポイント**
>
> 《被介護者》
> ①二人の利用者：夫は脳卒中による右片まひ（要介護1）で，妻は両膝関節人工関節（要支援1）
> ②週に何度かは昼間二人きり
> ③自宅での入浴希望あり
>
> 《介護者》
> ①昼間，不二雄さんとミサさんが二人きりになることへの不安感増大
> ②ミサさんを浴槽に入らせてあげたい
> ③自宅での入浴（浴槽に入る）を行いたい

2．住居の状況

住居は築18年の在来工法による木造2階建て（5LDK）であり，対象者らの部屋は1階の2間続きの和室で，南と西に窓があり，明るく暖かい。寝室として，廊下に面している部屋側にベッド（手前が不二雄さんのベッド）を並べて使用している。廊下と和室の間に5cmの段差があり，ほかに風呂場と脱衣所，玄関，屋外ではアプローチ部分に比較的大きな段差がある。

3．同行したセラピストの所見

【不二雄さんについて】

①片まひについて：上肢はほぼ廃用（日常生活の中では実用的でないレベルのまひ）である。下肢は比較的機能が良好な状態であって屋内歩行時に装具の必要はないものの，つまずきやすい状況であった。

②トイレなどへの屋内移動においては，T字杖にて歩行しており，平坦な場所では安定はしているものの若干スピードが遅かった（病院に入院中には，手すりを利用して実用的なスピードで歩いていた）。

③ベッドからの起き上がりは，ベッドの背を20°ほど上げたところからであれば，ベッド柵につかまって楽に行える。ベッドへの立ち座り動作に問題はなかった。

④トイレのドアノブが球形であり，杖を持ったままドアノブを回して開けることが困難であるうえに，洋式の便座での立ち座り時に介助を必要とした。

⑤玄関の上がり框の上り下り時，および玄関ポーチと道路に向かう通路との間の段差を上り下りするときに介助を必要とした。
⑥デイサービスでの入浴に不満はないが，自宅でも風呂に入りたいと思っていた。

【ミサさんについて】
①左膝に少し痛みが残っているために，右手にT字杖を持って屋内外を歩行している。玄関ポーチと道路に向かう通路との間の段差を上り下りするときに介助を必要とした。
②ホームヘルパーによる介助があっても，浴槽縁をまたぐことが困難であった。また，立った状態で浴槽縁をまたぐことに恐怖を感じていた。
③洋式の便座での立ち座りが困難であり，膝に痛みがあるときや体調の悪いときは介助を必要とした。

【家族の要望】
①二人とも，トイレまでの移動を含めた，安全で楽なトイレ動作ができるようになってほしい。
②二人とも，洗体以外の入浴動作が見守りレベルになってほしい。
③通院時などにおいて，安全に外出ができるようになってほしい。

4．どちらに合わせて住宅改修するのか？

かなり傾向の違う障害をもつ二人の自立性を高め，より潤いのある生活を送ってもらうための住宅改修はなかなか難しい。予算上のこともあり，すべてをそれぞれに合わせて完璧にはできないことから，どこをどちらに合わせ，どこをどちらに妥協してもらうかについて，慎重に決めなくてはならない。そのために，本人たちや家族に日常の生活を再現してもらうとともに，全員の要望をこと細かに聞く努力が必要である。

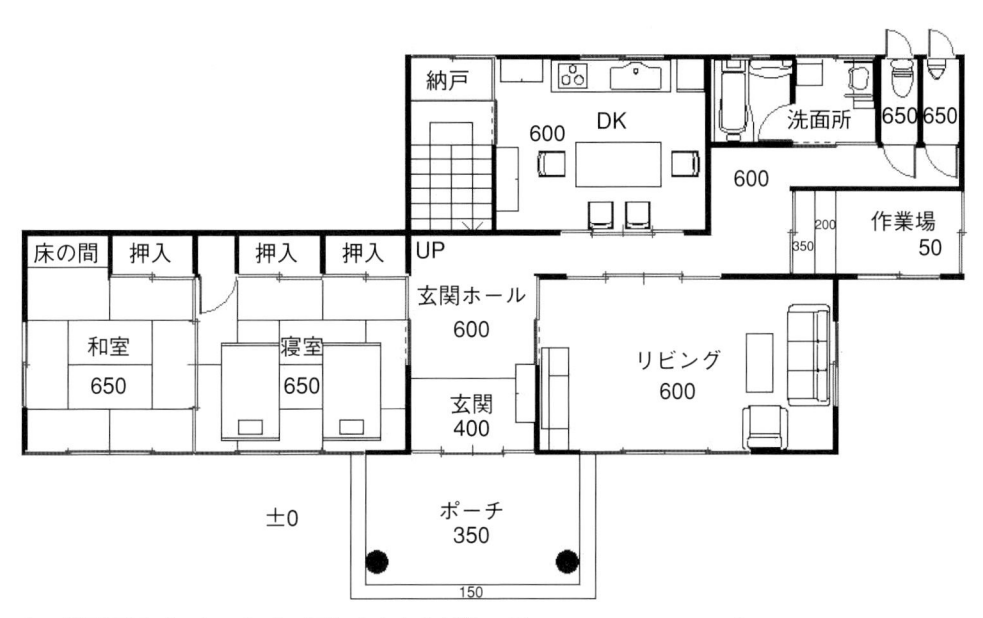

● 1階平面図（スケール感：押入の大きさが約1畳 910 mm×1,820 mm）

5．エピローグ

1）トイレの改修

トイレでは，二人とも便座での立ち座りが困難であった。二人の動作を分析してみると，不二雄さんは壁に手すりが必要であり，ミサさんは便座の周りに肘掛け様の手すりが必要であった（図2-19，2-20）。このトイレの手すりに関しては，双方ともに使用頻度が高いことから，壁と便座周りの両方に手すりを設置することにした。加えて，トイレまでの廊下にも手すりを取り付け（図2-21），その出入り口には縦手すりを設置し（図2-22），トイレのドアノブもレバータイプへと変更することにした（図2-23）。

2）風呂場の改修

衣服の着脱用に，ダイニングにあったいすを脱衣所へ置いた（図2-24）。これにより二人とも入浴時の衣服の着脱が見守りだけで可能となった。

懸案は浴槽の出入りであった。座った状態で出入りできるようにベンチ様のシャワーいすを洗い場に設置し，それに座ったままの状態から浴槽に入り，出るときには浴槽内で立ってから一度ベンチに座り，そして足を浴槽から出すという方法を基本とした（図2-25～2-27）。具体的には浴槽に合わせて，洗い場に加え浴槽内にもベンチを設置し，浴槽周りには手すりを取り付けることにした（図2-28）。

この風呂場の改修は，より多くの介助が必要であった不二雄さんに重点を置

● 図 2-19　壁と便座周りに設置した手すり 　　● 図 2-20　トイレ動作のモニタリング風景

● 図 2-21　トイレまでの廊下に設置した手すり　　● 図 2-22　トイレのドアに設置した縦手すり 　　● 図 2-23　レバータイプに変更したトイレのドアノブ

角の連続のための処理に注目。

いて，改修することにした。

3）玄関の改修

　玄関においては，上がり框の部分は不二雄さんに重点を置いた改修をし，手すりを壁から下駄箱にまたがるように取り付けることにした（**図 2-29～2-31**）。

　車寄せにある 2 段の階段を上り下りするときに介助が必要なミサさんのために，その階段の一部分に 1 段 10 cm のコンクリート製の段を新たに設け，併せて手すりを取り付けることにした（**図 2-32**）。

　1 週間ほどで工事は終わったが，「改修部分に対する動作指導」という住宅改修の仕上げをモニタリングを兼ねて行った。

　トイレや風呂場，玄関，玄関ポーチなど，それぞれの改修場所で二人に対する動作指導が行われた。

　また，このときに玄関ポーチに平行に 2 本取り付けるはずであった手すり

●図2-24　衣服の着脱のために置いたいす

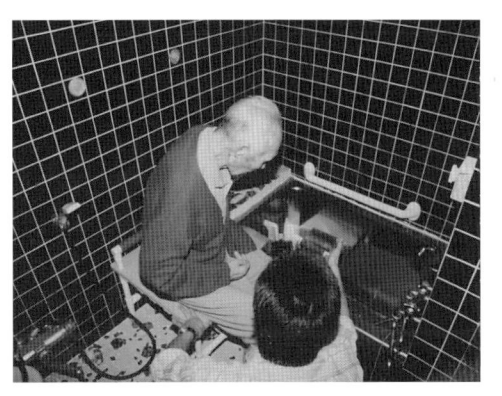

●図2-25　入浴動作指導①：シャワーいすから浴槽へ

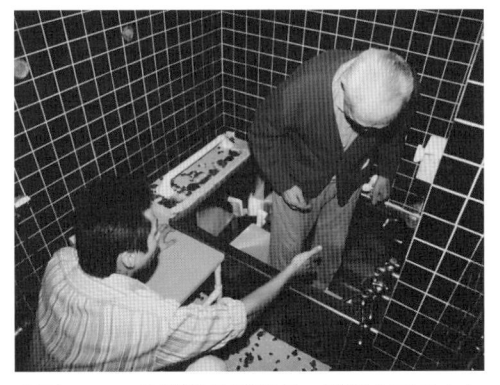

●図2-26　入浴動作指導②：浴槽内での立ち座り

●図2-27　入浴動作指導③：浴槽に入るとき

●図2-28　改修後の風呂場

が，施工者の判断（勘違い）により1本だけとなっていた。両上肢が自由に使えるミサさんはこれで十分であるが（**図2-33**），右片まひのある不二雄さんは，この階段を下りるときに手すりが反対側となり，自力で下りることができなかった。即，施工者に対して，1本ではダメな理由を本人によるデモンストレー

●図 2-29　下駄箱から壁に設置した手すり

●図 2-30　上がり框昇降動作のモニタリング（不二雄さん）

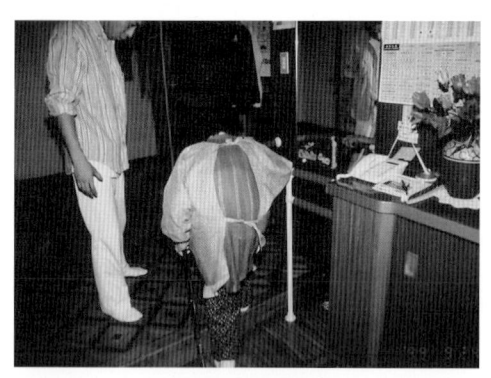

●図 2-31　上がり框昇降動作のモニタリング（ミサさん）

●図 2-32　蹴上げを半分にした階段（ハーフステップ）と手すり

●図 2-33　段差昇降動作のモニタリング（ミサさん）

両手が使えるため，1本の手すりで段差昇降が可能になった。

●図 2-34　段差昇降動作のモニタリング（不二雄さん）

片まひがあるため，反対側の手すりを必要とする。

ションで示し（図 2-34），後日追加で取り付けた。
　長男夫婦は「これで安心して，畑に出かけることができる」と，ほとんど見

守るだけで日常生活が継続できるようになった両親をみて，住宅改修の予想以上の効果に驚いた様子であった。特に主たる介護者である長男の妻は笑顔であった。もちろん，誰よりもそれら効果に驚き喜んだのは，「自分の体が悪いのだから，（いろいろなことができないのは）仕方がない」とあきらめていた不二雄さんとミサさんであった。

　最後に，その指導内容を担当のホームヘルパーにも覚えてもらい，その指導内容が日常生活の中で正確に行われているかなどについて，訪問介護サービス時に繰り返し確認するということを約束してもらい，福祉住環境の整備を終えることができた。

> ■□もしもあのとき…□■
>
> 　もしもあのとき，モニタリングが行われずに，玄関ポーチ部分の段差を小さくした階段に取り付けられた手すりが1本のままであったならば…。
> ①不二雄さんが外出時に階段を下りるとき，手すりが反対側にしかないことから，家人による多大な介助を必要とする。
> ②その介助によって，住宅改修効果に対して，本人および家族より疑念をもたれることとなる。
> ③不二雄さんが自力で玄関ポーチを下りようとして，階段から転落するおそれがある。

5　床が腐って，福祉用具が導入できない！！
新里新吉さん（仮名，82歳，男性）のケース

１．プロローグ―床の布団の上で体が固まってしまった人―

　新里新吉さん（仮名，82歳，男性）は，人口4,000人ほどの小さな村で，子どもに恵まれず，妻（78歳）と2人で暮らしていた。若いころは名漁師で知られた新吉さんであったが，70歳のときに脳卒中で倒れ，約半年間の入院後，なんとか歩けるようになって自宅に帰ってきた。

　運動まひはほとんどなかったが，立ち上がったときや歩いたときのふらつきが著明であり，日常生活の多くに妻の介助を必要とした。トイレ動作を例にすると，妻の介助によって床に敷かれた布団からやっとのことで立ち上がり，妻に支えられながら，なんとかトイレまで歩いて行くという状態であった。約1年前までは，風呂好きの新吉さんは，ホームヘルパーによる介助によって自宅の風呂（浴槽）に入っていた。そしてそれが，新吉さんにとってなによりの楽しみでもあった。このころは，「要介護2」であった。

　しかし，約4カ月前より体調を崩し，ほぼ寝たきり状態となっていた。妻は，ホームヘルパーが行う清拭以外にも，毎日朝夕，新吉さんの体をお湯で絞ったタオルで拭いていた。このころから妻は，床に敷かれた布団上で介護することに少しつらさを感じはじめた。また，そのこと以上に清拭のみの新吉さんを風呂（浴槽）に入れてあげたいと思い立ち，「訪問入浴サービス」の実施を担当のケアマネジャーに要望した。それに応えるべく，担当ケアマネジャーはセラピストを伴い，新吉さん宅を訪問した。そして同時期に要介護度の更新が行われ，「要介護4」と認定された。

　この家は，部屋の温度が外と変わらないほど寒いうえに狭いために，新吉さんは一日中部屋の隅に敷いてある布団の中で，ストーブのほうを向くように横になって，そして丸くなって寝ていた。しかも，排泄に関する感覚は正常であるにもかかわらず，トイレに行くことができないためにオムツをしていた。4カ月の間に，新吉さんはその寝ている姿のままで膝など数カ所の関節が拘縮となっていた。現在では，股関節内転筋群の短縮によって開脚が困難であり，オムツの取り替えも困難な状況であった。

　新吉さんは，今回具合が悪くなる前までは非常に話し好きで，妻やホームヘルパーに冗談などを言って笑わせていたが，ここ2カ月間はほとんど発語もしなくなった。

妻は，なんとか風呂（浴槽）に入れてあげたいと，重ねて担当ケアマネジャーに要望した。妻より，特に訪問入浴サービスの強い要望を受け支援策を講じることとなった。

> **今回の福祉住環境を考えるポイント**
>
> 《被介護者》
> ①ほぼ寝たきりの状態
> ②発語も極端に少なくなった
> ③ほぼ終日，床に敷いた布団にオムツをして寝ている
> ④床が腐り，適切なサービスや福祉用具が入れられない
>
> 《介護者》
> ①介護すること自体に不満はない
> ②新吉さんを風呂（浴槽）に入れてあげたい
> ③腰痛と膝痛のため，床に敷かれた布団での介護がつらい

2．住居の状況

住居は築50年以上を経た在来工法による木造平屋建て（3K＋作業場）である。新吉さんの寝室は居間および台所を兼ねた和室（8畳）である。非常に室内が寒いために，囲炉裏跡の上に設置されたストーブに近接して布団が床に敷かれており，新吉さんはその布団の中で丸まるような側臥位で終日寝ている状況である。食事および排泄などの日常生活に関する行為のすべては，妻によってこの部屋内で行われている。

また，老朽住宅であり，床がいたるところで腐っていた（図2-35）。畳も腐りかけており，サービス者らが室内を歩くときには，一歩一歩足を置く場所を

●図2-35　老朽化して腐ってしまった床

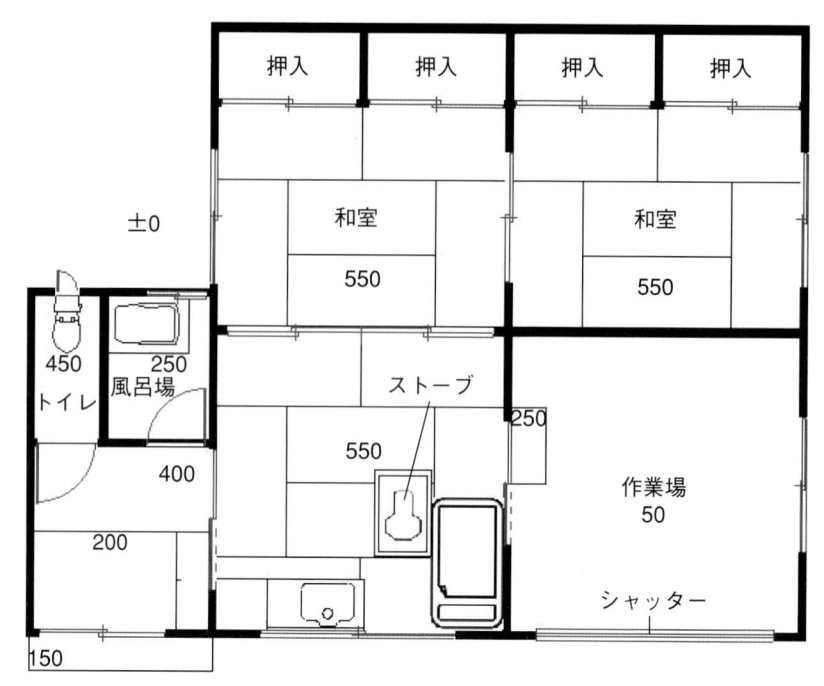

●平面図（スケール感：押入の大きさが約1畳 910 mm×1,820 mm）

選ぶ必要があった。そのために，訪問入浴サービスを行うにしても，居間と寝室を兼ねた部屋の床では，本人と妻，ホームヘルパー，そして入浴機器の重さに耐えられそうになかった。入浴どころか，介護用の電動ベッドさえも入れることができない状況であった。

3．同行したセラピストの所見

①膝関節拘縮の直接的原因である大腿部後面の筋肉と股関節前面の筋肉については，確かに短縮しているが重度ではなく，今後のストレッチなどにより，改善する可能性が大きかった。
②膝関節の可動域などが改善すれば，ベッドの端座位や車いすでの椅座位などが可能になると予測された。
③初期の認知症の状態であり，発語もほとんどないが，口頭指示に対してはほぼ理解することができた。
④介護者の妻は，軽度の腰痛と膝痛があり，床に敷かれた布団上での介護を続けることは困難であると判断された。

4．福祉住環境に関連するニーズ

＃1：床が腐っていることにより，適切なサービスや福祉用具の導入が行われない状況にある。

＃2：＃1の理由により，介護用電動ベッドが導入できないために，床に敷かれた布団でオムツをした状態で寝たきりとなっており，新吉さんの廃用症候群が進行している。

＃3：＃1の理由により，本人が最も楽しみにしている入浴およびそれに関連するサービスが提供不可能な状況にある。

＃4：＃1の理由により，妻には介護継続意志が十分あるにもかかわらず，介護環境が整っていないことから介護負担感が増しつつあり，在宅介護を続けることが困難な状況となりはじめている。

5．エピローグ

　まず第一にやらなければならないことは明白であった。それは寝室兼居間の「床を補強すること」であった。しかし，床を支える材をすべて取り替えなければならないことにより費用がかさむことと，将来，車いすを導入する状況になった時点で玄関などの住宅改修をもう一度行うために，介護保険による住宅改修費用をある程度残しておくということになった。よって，床の改修費用は10万円程度であった。この金額では，材料費と大工の日当1人分が限界であった。そこでセラピストが中心になって住宅改修ボランティアを募ったところ，役場職員や民政委員などが手を挙げ，工事が可能となった（図2-36）。

　後日，工事はつつがなく終了した。まさに改修した部分は「畳の下」であり，一見したところでは目に見えない改修であった（図2-37）。

　工事終了とともに間髪入れずにケアマネジャーがモニタリングし，セラピストおよび大工とともに構造面の安全性を確認した後に介護用電動ベッドを導入した（図2-38）。さらに同行したセラピストにより，妻およびホームヘルパーに対し，ベッドでの端座位練習と関節可動域練習の方法が指導された。

　その後の新吉さんは訪問入浴サービスにより，自宅で入浴ができるようになった。また，ホームヘルパーが毎日行ったベッドでの端座位練習の効果も見る見る現れ，1カ月ほどで車いすに座り，自力で食事ができるようになった。床に敷いた布団の上で，寝たままで妻に食べさせてもらっていたころの新吉さんとは別人のようであった。

　さらに，改修前は発語がみられなかったが，車いすに座られるようになった

●図2-36　ボランティアによる工事の様子 　　●図2-37　修復され，よみがえった床

●図2-38　介護用電動ベッドの導入

ころには，再びホームヘルパーやケアマネジャーに冗談を言い，笑わせるようになった。

　3カ月後，車いすで外にも出られるようになった時点で玄関へのスロープ設置が行われた。そして週2回，元気にデイサービスに出かけ，入浴もそこで行われるようになった。妻も介護負担が減り，生活に時間的な余裕ができ，以前より表情がずいぶん柔らかくなった。

> ■□もしもあのとき…□■
> 　もしもあのとき，セラピストが同行せずに，関節拘縮などの廃用症候群が改善する可能性が高いことや，練習次第で座位を自力でとれる可能性があることを，ケアマネジャーをはじめとする関係者に示すことがなかったならば…。
> 　①床下の改修は同様に行われたかもしれないが，その後は寝たきり状態の新吉さんへの介護のためだけに，特殊寝台を導入することとなった。
> 　②臥位での生活のみを考え，褥瘡などができないようにエアマットを導入することとなり，その貸与費用が余分にかかった。
> 　③廃用症候群が徐々に進行し，妻の介護負担は増加し，施設入所となった。
> 　④一生，訪問入浴が行われた。
> 　⑤認知症が進行し，一生，会話をすることはなかった。

Coffee Break

◆止まらない介護の悲劇

　団塊世代はそれらの人口が多いだけに，その高齢化は介護を必要とする人口も増加させるでしょう。わが国は財政的な問題などで介護関連施設を激増させることができない状況であり，住環境を含めた在宅介護に関するシステムやサービスの質などを早急に向上させなければなりません。

　この介護に関する不安事と同じくわが国の大きな不安事が「少子化」に関することです。これに歯止めをかけなければ，日本の将来は真っ暗です。

　出生率について東京大学助教授の白波瀬佐和子氏は，その原因の1つに「若い人たちの未婚化」を挙げています。男性は収入が少ないと未婚率が高いのだそうで，一家の大黒柱にふさわしい収入がないことが，結婚を躊躇してしまうのではないかと考えているようです。一方，女性は収入のことよりも，結婚したことで暗黙の了解のごとく役割づけられている家事や子育てによって，仕事の第一線から退かざるをえなくなるような状況に不安を抱き，結婚に踏み切れないのではないかと言っていますが，原因はよくわからないようです。

　その未婚化によることも原因なのか，最近介護を必要とする高齢の母親と，中年を過ぎた未婚の息子との二人暮らしという世帯で，2007年早々悲惨な事件が続けて起きています。それら事件の一例を紹介すると，長野県では，70歳の母親による，病気がちで介護を必要とする35歳の息子との無理心中と思われる事件が起きました。また，埼玉県では認知症で寝たきりだった母親を45歳の息子が絞殺しました。「介護疲れ」が原因だったようです。

　たまたま今回は息子による事件が続いてしまったようですが，このことに性別は関係ありません。そして，これまでに同様の事件が絶えず繰り返されています。もはや「子世代が家族を必ず作る」という前提での制度作りが破綻しています。未婚化の波がこれ以上大きくならないうちに，なんらかの方策が必要です。

Coffee Break

◆介護保険で本格的なリハビリテーション!?

　2006年4月から，病院でのリハビリテーション（リハ）に期限がつきました。それはどのようなことかというと，例えば脳卒中では，病気になった日から180日で医療保険でのリハができなくなるということなのです。制度開始から時間が経ち，いろいろな問題が吹き出ているようです。

　医師や歯科医で構成されている「全国保険医団体連合会」が，2006年9月下旬から11月中旬にかけて，全国の脳卒中リハの届出をしている病院や診療所に対して，アンケート調査を行いました。目的はもちろん，「リハを打ち切られた人」の数を知ることです。1,454カ所の施設に調査票を送り，562カ所から回答が返ってきました。

　それによると，17,487人の脳卒中の人が期限を超過しているということで，保険上のリハが打ちきりになっていました。この数値を全国の病院数に当てはめて全体数を推測してみたところ，20万人以上がリハを継続できなくなっているとの予想でした。

　それではこの人たちは今，どうしているのでしょうか。

　北海道保険医会による調査では，4,108人がリハ打ち切りになり，そのうち介護保険でのリハに切り替えた人はたった1割強でした。リハ日数制限の対策として厚生労働省が考えていた「介護保険でのリハへの切り替え」は，介護保険側の体制，特にリハスタッフの不足により，もろくも崩れ去ったのです。

　そこで次回の介護保険制度改正に向け，「個別・短時間型」サービスを新設することとし，その準備が始まったようです。これはこれまでの集団体操やレクリエーション的な要素が多かった「通所リハ」を充実させ，そこで理学療法士などによるマンツーマンのリハサービスを行おうというものです。しかし，このサービスを行うには，現在の理学療法士数の数倍の数が必要であり，もしこのサービスが行われるとしたら，それまでにどのように養成するのかが，最大の課題となりそうです。さらに朝令暮改で，リハ日数制限自体の見直しも行われるようです。

第3章

現場で役立つ住宅改修のコツ

1 アプローチおよび玄関における福祉住環境整備

　人間にとって，「家族」との関係は当然重要であるが，家族以外の社会における集団との関係もまた重要である．その重要な社会との連絡口が「玄関」であり，玄関と道路などを結んでいる敷地内の外部通路が「アプローチ」である．介護保険においても，利用者に比較的起こりやすい「閉じこもり症候群」を予防し，通所や訪問などのさまざまなサービスを利用してもらうという意味で，非常に重要な場所である．

　アプローチおよび玄関での問題といえば，まずは「段差」である．アプローチと玄関には，おおよそ「4つの段差」が存在する．その一つは「道路と敷地との段差」であり，もう一つは「敷地と玄関ポーチ（玄関の外側のスペース）との段差」，さらに「玄関ポーチと玄関土間（靴を着脱するところ）との段差」，そして最後の一つは「上がり框部分の段差」である．また，これらの共通の問題点として，「水で濡れていることが多い場所」であり，滑りやすくなっていることも多い．福祉住環境を考える場合，歩行可能な者には滑りにくい材質のもの，車いす利用者にはその推進力を損なわせないような材質のもので，表面を仕上げるような配慮が必要である．

1．道路と敷地との段差

　段差の程度にもよるが，おおよそ敷地が道路（歩道も含む）よりも低い場合よりも，敷地が道路よりも高い場合の問題解決が困難となりやすい．

　敷地が道路よりも高くなっている場合は，その道路に面して，または玄関ポーチまでの間に，階段もしくはスロープが作られることが多い．このとき，高低差が小さい場合（200 mm 程度まで）には，1段程度の階段（段差）か，玄関ポーチに向かう緩やかなスロープにすればよいことから，問題となることは少ない．その段差部分に対し手すりや簡易スロープ（取り外し可能なものも含む）を設置することで，比較的容易に解決可能である．

　当然であるが，問題は高低差が大きい場合（300 mm 程度以上）である．このときには少なくとも2段以上連続する階段がすでに設置済みであると予想できることから，その階段に対する手すりの設置などが必要となる．時には新たに階段を作りなおすことや，本格的なスロープの設置が必要となる．

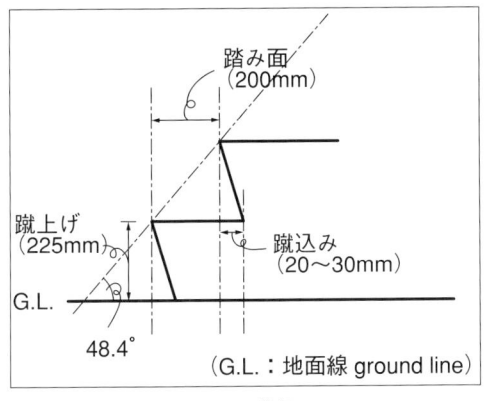

● 図 3-1　通常見かける階段

● 図 3-2　昇降が楽な階段寸法の例

● 図 3-3　道路に接している危険なスロープ

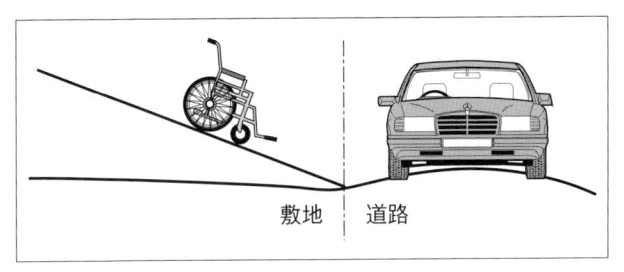

● 図 3-4　道路に直接接する危険なスロープ

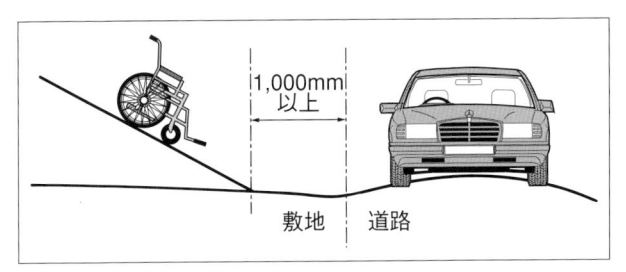

● 図 3-5　道路手前に平坦部分をもつスロープ

1）階段の考え方

　例えば，敷地が道路よりも 450 mm 高いとすると，通常は 225 mm の高さ（蹴上げ）の階段が 2 段となっており，そのときの足でふんばるスペース（踏み面）も 200 mm 程度としている階段を見かけることがある（**図 3-1**）。この「蹴上げ」と「踏み面」の数値では，歩行になんらかの障害を抱えながら歩いている利用者にとっては，その昇降が困難であるばかりでなく，転落や転倒の危険がある。そのような場合には，新たな階段の設置が可能であれば，蹴上げを 150 mm 以下，踏み面を 300 mm 以上にすることで，階段昇降動作を安全，かつ楽に行うことができるようになる（**図 3-2**）。

2）スロープの考え方

スロープは，アプローチ部分に限らず，家中のさまざまな場所に設置される可能性がある。それらの中においても，アプローチ部分に設置するときの特有な注意点は，「スロープ端を道路に面して，かつ，ギリギリに設置してはいけない」ということである。見通しの悪い場合や，誤ってスロープを滑走して道路に飛び出した場合などに，自動車や自転車との接触事故を起こす可能性があるからである（図 3-3，3-4）。このような事故防止のために，スロープ勾配が多少きつくはなるが，スロープ端と道路との間に 1,000 mm 以上の平坦部分を設置する必要がある（図 3-5）。

２．敷地と玄関ポーチとの段差

地面から玄関ドアの外側である玄関ポーチ，そして玄関内側の土間部分の間にある段差である。この段差はおおむね 500〜650 mm であり，その内訳としては，地面から玄関ポーチ上までに 300〜400 mm，ポーチと玄関土間との間に 50〜100 mm，玄関土間とホールとの間に 150〜200 mm である。

この段差は家を湿気から守るために設けられており，具体的には建築基準法施行令第 22 条に「（最下階の居室の床が木造である場合）床の高さは，直下の地面から 45 cm 以上にすること」と定められている。ただし，この施行令には別途，直下の地面に対して防湿シートを敷き，その上にコンクリートを打つなど防湿上の工夫をすれば，各自治体の建築確認等関連課の判断によって，この高さにこだわらなくてもよいことにはなっている（ゼロにしてもよい）が，多くは防湿上の工夫の有無にかかわらず，前述した床高で施工されている。したがって，この玄関周辺の段差群により，車いす利用者はもちろん，歩行可能者の家の出入りにも支障をきたすことになる。

1）手すり設置の考え方

地面と玄関ポーチとの段差は，2〜3 段の階段となっている場合が多い。その階段を歩いた状態で昇降可能であると判断されたならば，まずは手すりの設置を検討する。杖を利用して歩いている人はもちろん，まったく福祉用具を使わずとも歩行できる者も，加齢とともに階段昇降時の転落・転倒リスクが大きくなることから，手すりの設置はそれらの予防策としても肝心である。

取り付け方としては，左右両側に同じ高さで取り付ける場合や，中央または片側にのみ取り付ける場合において，転落リスクの大きさを考えて「下りる」ほうを重要視し，廊下などに取り付ける水平手すりの取り付け高さ（p 62 参照）よりも，「若干高い位置」に取り付けることを奨励する（図 3-6）。脳卒中など

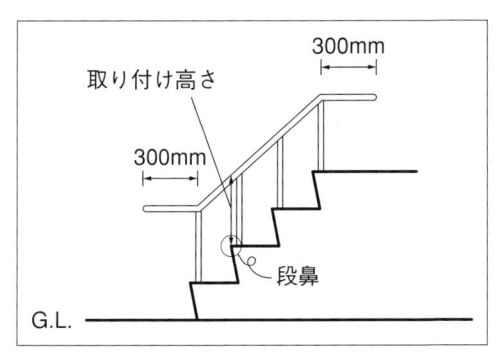

●図 3-6　階段手すり

●図 3-7　理想的勾配のスロープ

●図 3-8　180°折り返したスロープ

による片まひ者で両側に手すりを取り付ける場合，上るとき用の手すりは水平手すりよりも「若干低い位置」に，下りるとき用は「若干高い位置」に取り付ける場合もある。また建築の世界では，階段手すりの高さを「段鼻上」で設定するという慣習があるので，ケアマネジャーやセラピストなどが建築施工事業者と打ち合わせなどをするときには，どの部分での高さなのかなどについての確認が必要である。

2）スロープ設置の考え方

　車いす利用者では，この段差解消のための選択肢として段差解消機器の導入やスロープ設置などが考えられる。スロープについては，「自立」という観点ではその確率が低くなり，福祉住環境整備における選択順位としては最終的な（やむをえない）手段と考えたほうがよい。まずは，自立をさせやすい段差解消機器の設置を推奨する。これについては「第4章」で述べる。ここでは，その最終手段と考えているスロープの設置，およびそのためのいくつかの注意点について述べる。

　スロープについて検討する場合に重要なことの一つ目は，「勾配」である。この勾配は玄関ポーチ周辺の敷地の広さや形状から自動的に決まってくるもので

●図 3-9　日本古来の伝統が生きた玄関引き戸の例

●図 3-10　開き戸（ドア）の例

あるが，理想的には「1/20（約 3°）」～「1/15（約 4°）」といわれている（**図 3-7**）。しかし，これら勾配を叶えようとすると，例えば 400 mm の段差に対するスロープを設置する場合，水平距離が 6～8 m も必要となり，日本の住宅事情においては直線スロープとしての設置は困難であることが多い。このようなときには勾配を小さくするために，180°の折り返しを行ったスロープにするという方法もある（**図 3-8**）。

「1/12（約 5°）」勾配のスロープが公共の建物などによく設置されている。しかし，車いすバスケットボールや車いすマラソンなどの競技レベルの者は別として，筋力弱化の著しい高齢者や脳卒中片まひ者などは，この角度を自走で上ることは困難である。このような勾配で設置せざるをえない場合に重要なことは，スロープ設置以前の段階で，設置後に「自走可能なのか否か」についてサービス者として判断を下し，そのときにもし自走困難と推測できる場合は，「どれくらいの介助を，どの時点で，どれくらい必要なのか」について，利用者本人および介護者を中心とした家族に対して十分に説明し，納得してもらうことが重要である。この説明により，本人や家族のスロープ設置による自立に対する過剰な期待と，自立が叶わなかったときの落胆を防ぐことができる。

3．玄関ポーチと玄関土間との段差

玄関においては，その内側と外側を隔てている場所に，「引き戸（**図 3-9**）」または「開き戸（ドア；**図 3-10**）」という建具が設置されている。

引き戸においては，外側からの水の侵入を防ぐ目的で玄関ポーチとの間に設けられている段差が 20 mm 程度であることが多く，玄関の内外に比較的段差が生じにくい。溝を設けるなど外部からの水の侵入を防ぐ工夫をしたうえで，レー

● 図 3-11　室内まで連続している縦および水平手すり

● 図 3-12　下駄箱上に取り付けた水平手すり

ルをコンクリートに沈めるように設置することで，段差をほぼなくすことも比較的容易である。

　しかしドアにおいては，水の侵入対策や地震などによる地面隆起対策のために，玄関ポーチとの間に 50 mm 以上の段差が設けられていることがほとんどであり（玄関土間が高くなっている），車いすで出入りをするときの障害となるばかりでなく，杖などで歩行をしている利用者においては，つまずきやそれによる転倒の原因となる。

　通常，「すりつけ（ミニスロープ）」で解消するのが一般的であるが，玄関ポーチ全体を上げるなどの方法もある。しかしこのときには，地震などが原因の地面隆起に備えてドアの下端に 50 mm 程度の隙間を作り，その隙間から水や風が入り込まないように，ゴム製のスカートを取り付けるなどの工夫が必要となる。

4．上がり框部分の段差

　最近の住宅の上がり框部分の段差は小さくなりつつあり，150 mm 程度というものが多く，中には 10～20 mm という上がり框もある。しかし，既存住宅での上がり框部分の段差は 180～220 mm が一般的であろう。

1）段差での手すり設置の考え方

　歩行が可能な利用者は，その能力にもよるが，手すりの適切な設置によって独力で上り下りが可能となることが多い。そのときには，縦手すりや水平手すりが土間から連続して室内まで取り付けられることが望ましい（図 3-11）。また，手すり設置が望ましい場所に下駄箱が置かれていることが多い。そのときにも，利用者本人および家族の了解が得られたならば，下駄箱を強固に固定し，時には補強し，下駄箱上の適切な場所に手すりを取り付ける（図 3-12）。

●図 3-13 ベンチ設置による段差の解消

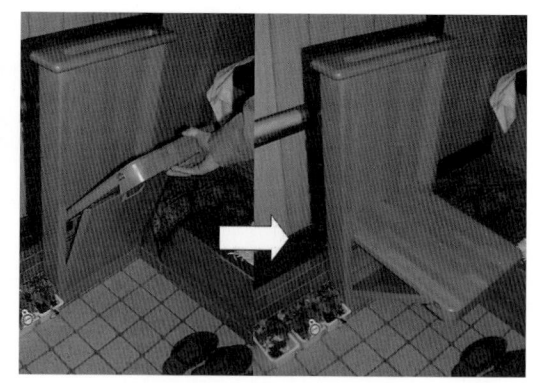

●図 3-14 狭いスペースに有効な折りたたみ式ベンチ

●図 3-15 玄関土間を占拠しているスロープ

2）ベンチ設置の考え方

玄関にベンチを設置することは有効である（**図 3-13**）。靴の着脱に関する動作の自立性が向上し，かつ，転倒などを防止するうえで歩行や立位保持に問題があるなしにかかわらず，推奨される。玄関が狭い場合には，折りたたみ式のベンチも有効である（**図 3-14**）。さらに，立ったままで電動昇降する段差解消機の導入も，検討の価値がある（「第 4 章」参照）。

3）段差解消機およびスロープ導入時の考え方

車いす利用者において，この上がり框部分の段差は大きな障壁となる。段差の大きさ自体も問題であるが，それ以上に「玄関土間の狭さ」がその問題解決を困難なものにする。土間部分が狭ければ狭いほど，当然スロープを設置した場合には急勾配となる。したがって，玄関上がり框部分の段差への実用的な対応策としては，リフトなどの段差解消機を導入した垂直な動きによる段差解消が推奨される（「第 4 章」参照）。

最終手段としてスロープを設置する場合には，スロープが玄関土間を占拠す

ることにより，家族の生活に影響を与える場合があることから（**図3-15**），取り外しの可能な「簡易スロープ」にする方法が一般的な方法となる。いずれにせよ，このスロープ設置では完全な自立はあまり期待できない。

Coffee Break

◆段差の罪悪って，なぁーに？

　各部屋と廊下との間などにある「比較的小さな段差」の罪悪は，つまずく可能性があることや車いすでの通過の妨げになるということだけではありません。一番の段差の罪悪は，「段差がそこにある」ということを身体に障害のある人が確認したとたん，段差の手前で多かれ少なかれ「緊張してしまう」ことなのです。この緊張で，普段どおりの歩き方や動き方ができなくなり，歩行に障害のある人は心臓をドキドキさせながら，一日に何度も段差通過に挑戦することになります。多くの車いす利用者も，必ず車いすを段差に対して直角にして，一呼吸の後，同じく緊張の中で段差を通過しているのです。したがって，段差を解消するときには，それを「通過できるのか否か」とは，考えてほしくないのです。段差があること自体が危険なのですから，まずは「完璧になくすることができないものか」と考えてほしいのです。

　さて，部屋と廊下との段差などの比較的小さな段差の解消には，床全体を上げてしまう方法や，ミニスロープ（すりつけ）で解消するという簡単な方法があります。予算的に可能であれば，床全体を上げて，完全に段差を解消することがよいでしょう。それは，段差を完璧に解消することで，通過時の「緊張」がなくなるからです。廊下全部でなくても，頻回に通る部分だけでも床を上げて，段差を解消したほうがよいのです。

　玄関の上がり框のような大きな段差では，「転落する」ということが考えられます。現に，薄暗い中で足を踏み外したり，車いすとともに土間へ転がり落ちた，という話を耳にします。

　この応急措置的な対策としては，段差部の端に沿って，自転車などによく貼りつけている「蛍光テープ」を貼りつけるのです。オレンジ色か黄色のものが良いでしょう。「ちょっと格好悪いよ」と家族に言われることもしばしばですが，テープが注意を喚起し，しかも暗がりでも段差がテープとともに浮き上がって見えて，とても安全なのです。

2 廊下および居間，寝室における福祉住環境整備

1．段差の解消

アプローチおよび玄関においては比較的大きな段差が問題となるが，廊下と居間や寝室などの出入り口においては，50 mm 以内程度の小さな段差が別次元の問題を生む。

50 mm を大きく上回るような比較的大きな段差で起こる事故は，通過時にバランスを崩して転倒するか，または段を踏み外すなどによって「転落」するという形で起こることが多い。このときの当事者は，段差がそこに存在していることに関しては「認知していた」という場合がほとんどである。

一方，比較的小さな段差では，「（トイレなどへ）急いでいた」「うっかりしていた」「薄暗くて見えづらかった」などの理由で，つまずいて転倒することが多い。そのときに共通していることは，段差の存在そのものが「認知されていなかった」ということである。段差があることを忘れていたのである。

また逆に，多くの利用者は段差を認識および意識した時点で，歩行者や車いす使用者に関係なく，段差越えに対して過剰に意識しはじめて心身の緊張傾向が高まり，通常の動作と比較し不安定な動作になりがちである。したがって，廊下と居間や寝室などの出入り口における段差解消では，「段差をいかに乗り越えるか」という次元ではなく，「段差をいかになくするか」という点を第一に考えなくてはならない。

1）床上げによる段差解消の考え方

つまずきなどによる転倒を防止するために最も効果的であり，利用者に対して第一に推奨したい方法である。まったく新しく床を作りなおす方法もあるが，より施工費用を抑える目的で，現存の床の上に新たに床を作る方法もある（**図3-16**）。また，さらに施工費用を抑えるために，生活動線が交差している部分のみを床上げすることもある（**図3-17**）。

2）すりつけ（ミニスロープ）による段差解消の考え方

すりつけは，建築施工者などによって木材を加工して作られたものと，福祉用具として市販されているもの（アルミ製，木製，プラスチック製など）がある。前者はネジなどにより強固に取り付けられていることがほとんどであるが，後者に関しては両面テープによって簡易に固定される場合が多く，すりつけ自体がずれたり，外れたりすることがまれにあるため，その管理に注意が必要で

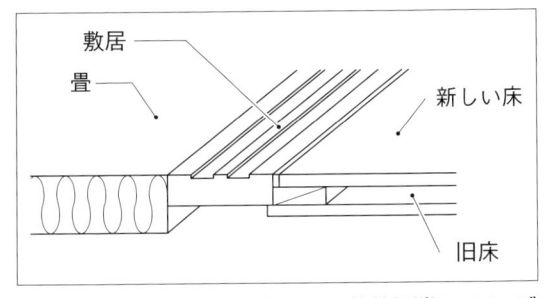

●図3-16　廊下床を二重にしての段差解消のイメージ

●図3-17　日常よく通る場所のみを床上げ

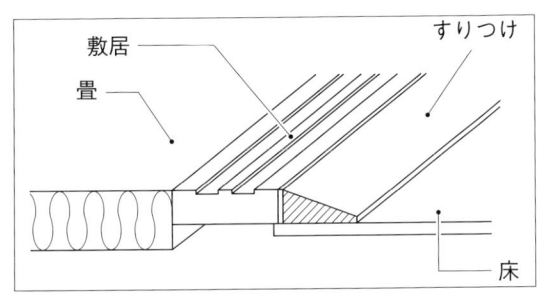

●図3-18　一般的なすりつけ

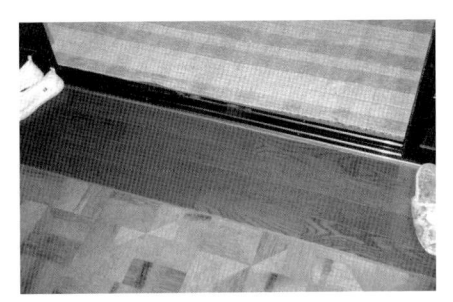

●図3-19　緩やかな勾配で設置されたすりつけ

ある。

　また，すりつけ（**図3-18**）の勾配が急すぎる場合には，車いすや歩行器のキャスターがすりつけ部分に引っかかることや，通過時にすりつけ自体からの強い衝撃があることから，可能な限り緩やかな勾配で設置する必要がある（**図3-19**）。

2．水平手すりの設置時の注意点

　手すりは福祉住環境整備の中で最もポピュラーな手段であるだけに，ほかの福祉用具ほど「適合」を意識することなく設置しがちである。しかし，数cmの高さや数mmの太さの不適合が利用者の歩行などに多大な影響を及ぼすことがあり，慎重に設置する必要がある。

　手すり設置時の配慮項目としては，太さ，材質，高さ（手すり上面から床面まで），すき間（壁面と手すり壁側面との間），連続性，端部処理である。

1）太さ

　手すりの太さ（パイプ型であれば直径）は，握りやすさや使いやすさに直結するものである。握り部分のパイプ直径が，男性で「32〜42mm」，女性で「28〜38mm」程度である。

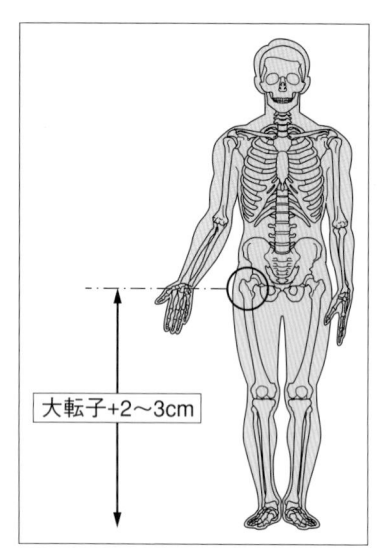

●図 3-20　手すりの取り付け高さ＝杖の高さ

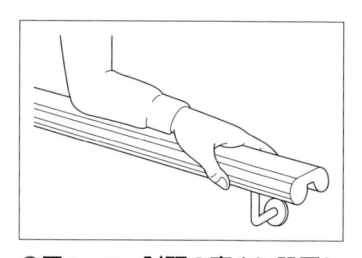

●図 3-21　肘頭の高さに設置した手すり
手すりがしっかりと握れない利用者で導入される。

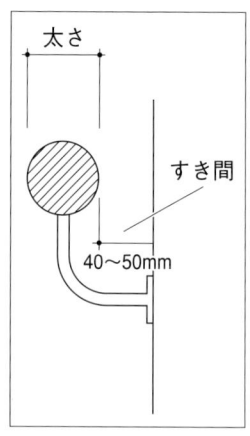

●図 3-22　手すり設置時に必要な壁とのすき間

2）材質

　手すりの材質には特に配慮が必要である。冬期間においても，なるべく冷たさを感じない材質のものを優先する必要がある。冷たいことによる不快感は，それを必要とする人間の活動性を低くするからである。加えて，屋外では雨で濡れたときに滑らないものを使用する。握力が不十分な場合，少しの滑りやすさが手すりの「つかみ損ね」や「握り損ね」を誘発し，転倒の可能性を高くすることから，手すり表面の材質への配慮も重要である。

　一般的には，金属にプラスチックがコーティングされているものや木製のもの，樹脂製のものなどが市販されており，それらの中から状況に合わせて選定することになる。

3）高さ

　手すりの取り付け高さ（手すり上端部）は，基本的に「杖の高さ（図 3-20）」である。しかし，立位や歩行時のバランス能力や，上肢および下肢，体幹機能の程度などを含めた身体状況および生活状況などによっては，この杖の高さでは適合しないことも多々ある。

　例えば，関節リウマチなどによって手指が変形し，手すりを握ることが不可能な状態では，「肘頭」の高さに取り付け，手すり上に前腕全体を置くようにして利用してもらう場合もある（図 3-21）。

4）すき間（壁面と手すり壁側面との間）

　一般的には，設置する壁面とのすき間を 40〜50 mm 程度設ける必要がある

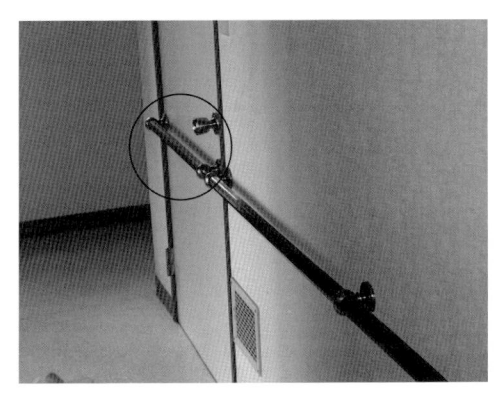

●図 3-23　ドアに取り付けた手すり

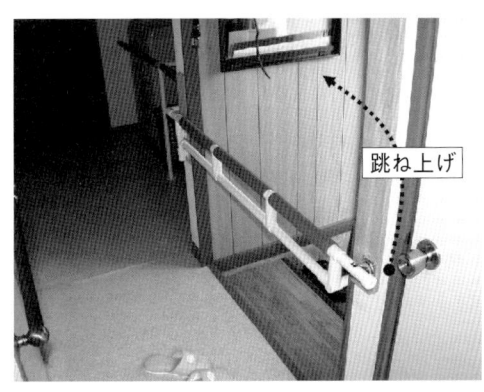

●図 3-24　開口部に設置された跳ね上げ手すり

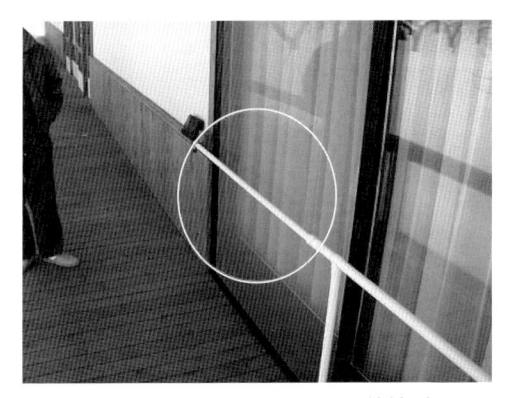

●図 3-25　ドアの前に設置された伸縮手すり
円で囲まれた部分が伸縮する。

●図 3-26　ふすまに設置された手すり
よく使用するふすまには伸縮手すり，そのほかのふすまは補強して手すりを設置した。

（図 3-22）。この隙間が狭すぎると，手すりを握ったときに壁に手背面がぶつかるなどして，ケガをする場合がある。さらに手指の動きが制限されるばかりでなく，上腕全体の動きが制限されることで，歩行に悪影響を与える場合もある。

しかし，すき間を大きく取りすぎると廊下幅が狭くなることから，歩行状況や身体特性などを参考に，すき間の数値を考える必要がある。

5）連続性

手すりは，基本的に取り付けるための壁などが必要であり，開口部（主に廊下などに面した出入り口）には手すりが取り付けられないまま放置されていることが多々ある。しかし，その開口部によって手すりが途切れることで，移動時に手すりを必要とする多くの利用者は，手すりのない開口部を横切るときに，危険と緊張を強いられる。

有効な手段としては，「建具などに手すりを設置する（図 3-23）」「跳ね上げ

●図 3-27　端部処理がされていない手すり　　●図 3-28　端部処理がされている手すり

手すりを設置する（図 3-24）」「取り外し式手すりを設置する」「伸縮手すりを設置する（図 3-25）」などである。

さらに必要であれば，ふすまに手すりを設置する場合もある（図 3-26）。日常の生活の中で使われている出入り口のみを残して，ほかを強固に補強および固定した後に，手すりを設置した（出入り口部は伸縮可能な手すりを設置し，手すりが必要なときにセットするようにした）。この手すりの設置により，トイレへの移動速度が倍増し，「トイレに間に合わない」ということがなくなり，念のために装着していたオムツが不要となった。

以上のように，日本の伝統的な構法（在来工法）で建てられた多くの家屋は壁が極端に少なく，手すりの設置を困難にしている。しかし，利用者のニーズを解決するために「そこ」に手すりが必要と判断されたのであれば，「そこ」がガラス戸やふすまであったとしても，建築的に最大の安全を確保しながら，なんとか工夫をして設置しなければならないというサービスが，「住宅改修」であると考えている。

6）端部処理

端部処理は，手すり使用時における衣服の袖の引っかけ防止対策として重要である。手すりを必要とする歩行状態の者が歩行中に手すり端部へ衣服の袖を引っかけるということは，転倒に直結することであるため，手すり設置時の防止対策が必要不可欠である。その対策が行われていない危険な手すりでは袖を引っかけやすく（図 3-27），対策が施されている手すりはその危険はほとんどない（図 3-28）。ちなみに，福祉用具として市販されている手すりは，初めから端部処理されているものがほとんどである。注意すべきは，パーツで売られている一般の手すりを設置する場合である。

●図 3-29
垂直手すりの取り付け高さ

●図 3-30　連続して取り付けられた垂直手すり

3．垂直手すりの設置時の注意点

　手すりを床と垂直に設置する「垂直手すり」は，屋内外の出入り口やトイレなどの場所に設置され，戸の開閉時や敷居などの段差通過時のバランス補助，便器やベンチなどにおいて座った状態からの立ち上がり補助などとして多用される。通常の水平手すりを縦に設置することで併用する場合が多いが，柱の角部分に設置できるタイプなどのように，縦手すり専用に市販されているものもある。

　手すり設置時の注意項目としては，ほぼ水平手すりと同じであるが，使用目的の違い上，「取り付け高さ」が水平手すりとは異なる。多くの場合は，「手すりの中央が，小さい前習い（肩関節基本肢位，肘関節 90°屈曲位，前腕および手関節中間位，手指完全伸展位）のときの中指先端の位置（図 3-29）」となるように設置する。しかし当然ではあるが，取り付け高さは利用者の身体状況や生活状況などを勘案して決めなければならない。水平手すりで歩くことによって「凍結歩行」の症状が出やすいパーキンソン病の利用者に対しては，垂直手すりを連続的に取り付けると，凍結歩行の症状出現が激減するなど，効果的な場合もある（図 3-30）。

●図 3-31　居間から連続するオープンデッキ風のスロープ

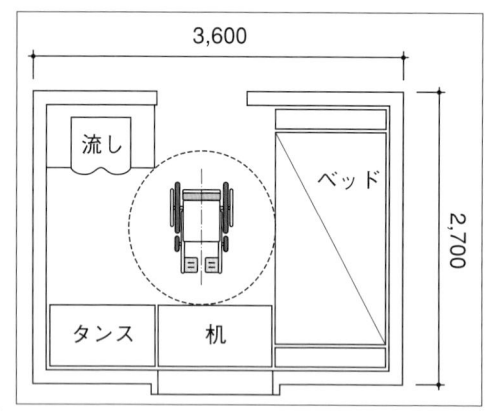

●図 3-32　6畳間の配置イメージ
点線は車いす回転に必要なおおよその範囲を示す。

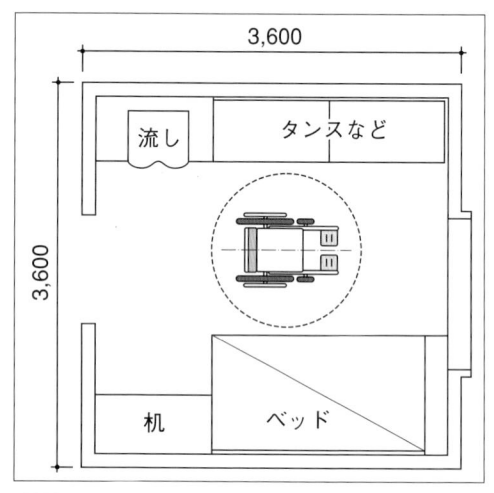

●図 3-33　8畳間の配置イメージ
点線は車いす回転に必要なおおよその範囲を示す。

4．居間に必要な配慮点

　居間においては，車いす利用者にとって走行や方向転換を妨げない程度の「広さ」が重要であり，特に部屋の中での方向転換が随所でできるようにすることが望ましい。方向転換には，利用者の身体状況によって異なるが，おおむね「直径 1,500 mm」程度の円が描けるようなスペースが必要である。
　出入り口部分の開口幅も重要である。ドアや片引き戸の場合，有効幅を 850 mm は確保したいところであるが，現実的には戸当たりやドア自体の厚さなどによって，出入り口の実際の開口幅（有効開口幅）は 800 mm 以下になっている場合が多い。したがって，段差は解消できたものの幅が狭くて出入りが困難

となることもあり，出入り口を広げるなどの比較的大がかりな改修が必要となることもある。

　居間での日常生活を考えた場合，立って歩く家族と比較して，車いす利用者の目線の高さは低くなることから，なるべく家族の目線の高さも車いす利用者に近くなるように，家具などの配置が一定幅にくるような配慮が必要である。そのようにすることで，目線の高さの高低を原因とする，車いす利用者の家庭内での「孤立」が防げる。

　さらに，車いす利用者に限らないが，火事や地震などの非常時に，玄関を通らずとも居間から直接外部へ出ることができるようにする「避難」についても考えたい。これに対してはオープンデッキ風のスロープなどの設置が有効である（図3-31）。

5．寝室に必要な配慮点

　居間同様，車いす利用者では「広さ」が重要となる。寝室に最低限必要なものとしては，ベッドとタンスなどの衣類入れなどであり，場合によっては机や書棚，そしてあれば便利なものとしては流し台である。これらを設置したイメージが，6畳間（図3-32）と8畳間（図3-33）となる。当然，広いほうが方向転換スペースを随所に入れることができ，生活動線の自由度が大きくなる。

　また，車いす利用者が自力で使える収納範囲は，その利用者の身体状況によって異なるが，おおむね「400～1,400 mm」までの範囲である。

3 トイレにおける福祉住環境整備

トイレで行われる「排泄」は，通常行われている日常生活に必要な動作を超えた重要な行為であることを，住宅改修を行う中で思い知らされることが多い。それは，排泄が体の中を通過した食物などの残りカスを体外へ放出するという単純な生理現象ではなく，生活の中のタブーや，人間としてのプライド，そして羞恥心などという「人間の尊厳」にまでかかわる行為であるからであろう。したがって，排泄行為が行われる場としてのトイレは，生物としてではなく，人間としての人生を全うするうえで重要なポイントとなる場所である。

1．トイレ動作を考える

トイレ動作とは何であろう。さまざまな定義づけがなされているが，ここでは小便や大便を体外へ排出する時点を中心に，その前後に行われる移動・移乗動作および後始末など，トイレでの排泄にまつわるすべての動作とする（**図3-34**）（「トイレまでの移動」については「2．廊下および居間，寝室における福祉住環境整備」および「第4章」参照）。

トイレでの福祉住環境整備においては，当然のことであるが，トイレ動作が大便および小便を体外に排出することに限定されたものと考えるのではなく，その排出の前・中・後におけるさまざまな動作が組み合わされて，一つの行為となっていることを常に念頭に置くことが必要である。そしてそれら一連の動作の中のどの部分にどのような困難がみられるのかについて，評価を行うこと

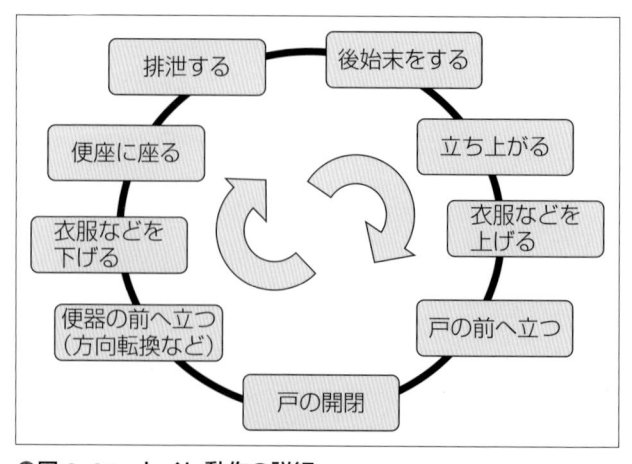

●図3-34　トイレ動作の詳細

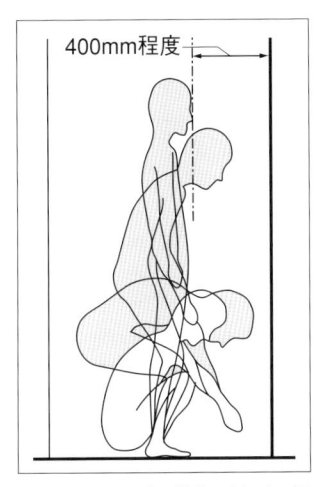

● 図 3-35 和式トイレに必要な前方空間

● 図 3-36 洋式化した和式トイレ
和式のときとスペースが同じでは，前方空間が狭小してしまう。

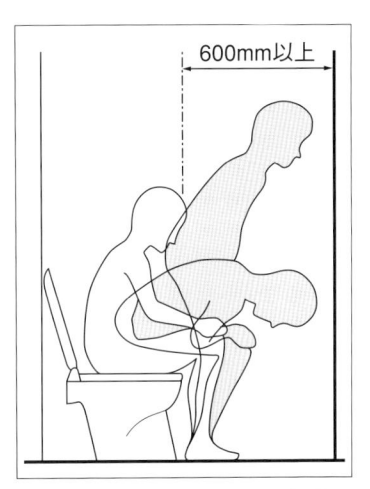

● 図 3-37 洋式トイレに必要な前方空間

が重要である。

2．洋式トイレにこそ必要な「前方空間」

　和式トイレの優れている点の一つに，洋式トイレと比較して，狭いスペースにより多く設置可能であるということが挙げられる。それは，立位から最終的な排泄姿勢になるときに，ほぼ重心の上下移動のみを行う「しゃがみ動作」によるからであり，利用者の体型にある程度左右されるものの，体の前方に約400 mmの空間があればよい（図3-35）。しかし，このしゃがみ動作やその姿勢を保持するためには，下肢における相応の筋力や関節可動域，比較的高度なバランス能力が必要であり，それら能力に支障が生じた人は，その時点で和式トイレでの排泄が困難，または不可となる。

　一方，洋式トイレでは，その排泄姿勢が「椅座位」であり，和式トイレ使用時と比較して「しゃがみ動作」やその保持の必要がなく，しゃがみ位に求められるような高度なバランス能力も必要としない。つまり，座位保持がある程度可能であれば使用可能である。しかし，立位から椅座位になるとき，または椅座位から立ち上がるときに，重心を「上下方向」に少しと，「前後方向」には大きく移動させる必要がある。特にこの前後方向の重心移動が大きいだけに重要であり，便器の「前方空間」が十分に確保されている必要がある。トイレのスペースは変えずに，和式トイレの便器のみを交換して洋式化した場合，この前

方空間が狭小となり，立ち座りが困難となることが多い（**図 3-36**）。洋式トイレにおいては便器の先端からおおよそ 600 mm の前方空間が必要となる（**図 3-37**）。

3．トイレ内に浮き出る住宅改修のヒント

　トイレ動作に関しては，残存している身体機能を駆使し，非常な努力をしてまでも独力で行おうとする利用者に多く出会う。それは繰り返しになるが，排泄が単なる生理現象に関連した動作だけではなく，人間の尊厳にかかわることであることの証拠ともいえよう。この非常な努力をしてまでも自立を貫き，尊厳を守ろうとする場であるトイレには，その利用者がトイレでの諸動作を遂行するために必要とされる問題点が，明瞭に浮き出ていることが多い。

　具体的にそれら問題点は，トイレ内の壁や壁紙，柱，水洗トイレ敷設のパイプ類，トイレットペーパーのホルダーなどに，手などの体の一部分を支持させたことによって付着した「汚れ」や，そのような行為の繰り返しによって起こった「破損」などの形で示されている。

　このようにトイレは，福祉住環境整備のための重要なヒントが狭い場所に多数集中しているところであり，これら浮き出ているヒントを重要視しながら，福祉用具導入や手すり設置を中心とした住宅改修のための評価や，改修のための施工などを行う必要がある。

4．トイレにおける福祉住環境整備の具体策

　トイレの福祉住環境整備に限らないが，住宅に求められる性能は，当然そのトイレを使用する利用者の動作能力に左右される。例えば，歩行可能な人や車いす使用者とでは，当然住宅に求められる性能がまったく違う。さらにこの車いす使用者の中でも，立ち座りが可能な人と不可能な人，衣服上げ下げが立位で可能な人と座位でなければできない人など，日常生活動作の自立状況によっても必要とされる住宅性能は異なる。したがって，トイレという住宅の一部分を見て福祉住環境の整備を行うのではなく，「利用者をよく見て」行わなければならないということが肝要である。

1）立ち座りに必要な「前方空間」の確保

　しゃがみ位にて使用する和式トイレと違い，洋式トイレにおいては便器の前方の空間が重要であることはすでに述べた。最近のリフォーム時の導入を前提としている洋式便器はこの前方空間を重要視し，後方の水洗用の水を貯めるた

●図 3-38　和式便器を洋式化したトイレ
前方空間の狭小化が問題となる。

●図 3-39　前方空間が狭小だったトイレ（図3-38）の改修後

●図 3-40　小便所が隣接していない和式トイレ

●図 3-41　洋式便器をトイレコーナーに斜めに設置することによる前方空間の確保
隣接する掃除用具入れの空間の一部も活用した。

めのタンクをなくすることで、そのタンクの分だけ便器を後方に下げて設置することによって、前方空間を確保するタイプが主流となっている。

　トイレ全体を改築してしまうような比較的大規模な改修であれば、トイレを広くし、このような便器を導入することによって前方空間を確保することもたやすい。しかし、介護保険の給付範囲を意識して行われるような資金が限られている福祉住環境整備では困難な場合が多い。しかし、それらも工夫と創意によって、多くは解決できる。

　単に和式便器を洋式に変更すれば、前方空間が狭小となり、便座への立ち座りに支障が出ることが多い（図3-38）。小便所が隣接されているようなときには、小便所との間の壁を取り去り、もともとの便器を90°回し、手すりガードを取り付けるなどするとよい（図3-39）。

　また、小便所が隣接されていないトイレ（図3-40）では、洋式便器をコー

●図 3-42　設置位置が便器に近すぎた L 字型手すり

点線の位置への設置が，このトイレを使う利用者にとって最良であった。

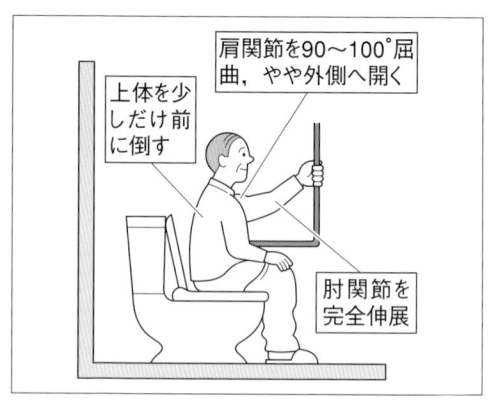

●図 3-43　トイレにおける L 字型手すりの設置位置の例

ナーに移動させ，便器を斜めに設置することによって，前方空間を確保することもある（図 3-41）。しかしこの場合，前方空間は確保できたものの，これでは車いすに乗ったままでトイレに入り，戸を閉めて排泄することが叶わないという結果となった。

2）手すり設置位置の重要性

トイレに設置される手すりは，立ち座りのみならず，移乗時や衣服の上げ下げ時など，トイレ動作のさまざまな場面で使用されることから，その設置位置には細心の注意と配慮が必要である。利用者の動作をよく分析し，水平手すりや縦手すり，L 字型手すりなどを使い分けつつ，適切な位置に設置することで，トイレ動作全般が自立する例も珍しくない。

L 字型手すりの縦部分の設置位置が便器に近すぎる場合，立ち上がり時に役に立たないことが多い（図 3-42）。

この縦部分の位置の決め方の一例を示す（図 3-43）。利用者に軽く前傾した椅座位をとってもらい，肘関節を完全伸展させて肩関節を屈曲 90～100°程度挙上させ，さらにその状態で前方やや外側方向に向かって開いたときのこぶしの位置で設置する。この方法は，直接トイレで計測できない場合であっても，ベッド端や車いすに座った状態でも，計測可能である。

上記により算出される数値は，身長によってある程度左右されるが，おおよそ便器先端から前方約 200～400 mm 程度になる。しかし，身体状況などによっては，少し手前であったほうがよい場合や，少し遠くに設置したほうがよい場合もあることから，セラピストなどが利用者の身体能力などを総合的に分析・勘案して，その設置位置を判断する必要がある。

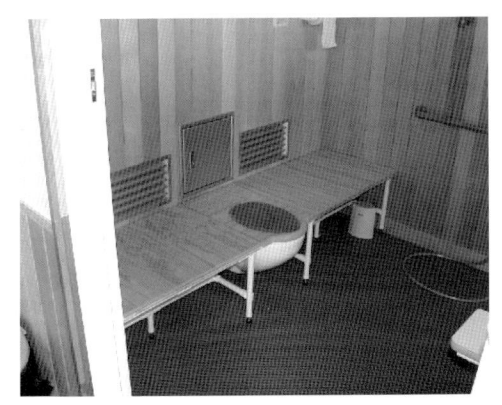

●図 3-44　便器周囲をベンチ化した洋式トイレ

●図 3-45　汽車型和式トイレ

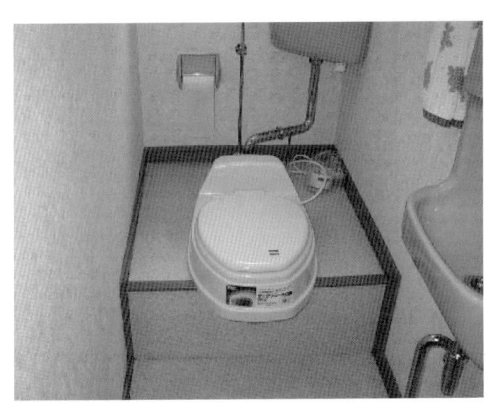

●図 3-46　便座カバーを用いて洋式化した汽車型和式トイレ

●図 3-47　車いすから長座位で移乗できる頸髄損傷者用のトイレ

3）便座周囲をベンチ化する

　通常の洋式便器の便座は狭く，その狭い便座にねらいをすまして着座するという動作は，身体に障害をもつ人にとっては困難な動作であろう．事実，狭い部分に着座できないことで洋式トイレの使用が困難となっている人に，多数遭遇する．このようなときには，便座周囲をベンチ化することが，手すりの設置よりも有効であることが多い（**図 3-44**）．

　例えば，脳卒中による片まひ者では，ベンチに非まひ側の手をついてから一度椅座位になり，その後に椅座位を安定させた後に臀部を便座へ移動するよう動作指導することで，自立や介助量の著しい減少となることが多い．

4）トイレで行われるいろいろな福祉住環境整備

　小便時に男性も使用できるように，1段高いところに和式便器を設置するという旧国鉄が開発した「汽車型和式トイレ（**図 3-45**）」では，その段差を逆利用し，専用の便座カバーを用いて洋式化することが，最も簡易な方法の一つで

●図 3-48　ドアノブの変更：球形からレバータイプへ

●図 3-49　便器の高さのかさ上げ

かさ上げ部分

ある（図 3-46）。

　頸髄損傷者用のトイレでは（図 3-47），車いすの座面高ときっちり同じ高さにトイレの床面を作り，車いすから長座位のままで移乗できるようにする。床のクッション材は，身体から体温を奪うことがなく，便座まで移動しやすいような硬さであり，さらに身体を傷つけることのないように，その材質などに配慮する必要がある。

　球形のトイレのドアノブを，レバータイプに変更することも有効である（図3-48）。このような簡易な改修であっても，脳卒中片まひ者などは，杖を握ったままの安定した状態でドアの開閉が可能となり，転倒リスクが減少する。

　便器の根本部分でかさ上げをし便器を高くすることによって，立ち上がりやすくなる（図 3-49）。ほかに，便座部分で高くする方法や，電動で便座が上がり立ち上がり動作を補助する機器もある（「第 4 章」参照）。

4 風呂場における福祉住環境整備

1．日本人にとっての入浴の意味を理解する

　入浴が行われる風呂場における福祉住環境整備について述べる前に，われわれ日本人における「入浴」という行為に関連する簡易な歴史的背景などについて述べる。

　わが国における入浴という行為の習慣化について推察すると，水と温泉に恵まれたわが国の自然環境と，敬虔な神霊への礼拝などの前に「身を清める」という習慣とが，長い年月の間に日常生活の中にとけ込み，さらにこれらのことに予防医学的なものが加わって，少しずつ広がり，習慣化されたものと考えられる。

　「風呂」の語源に関してはいくつかの説があるとされている。例えば，茶の湯などに用いる「風炉」から転じた語であるという説や，「室（むろ）」という言葉が転化したものだという説などである。ちなみに室とは，自然または人工の洞窟や岩屋を利用した蒸し風呂のことであり，いわゆる現代のサウナのようなものであった。一方，湯の語源は「斎（ゆ）」といわれており，これは「神聖で清浄である」という意味である。つまり「ゆ」とは，水浴などによって体の汚れを除き，心身を清潔にするということであって，水の温度とはほとんど関係のない行為であったと考えられている。つまり，もともと「風呂に入る」ことと，「湯に浸かる」ことは，まったく違う目的で行われた行為であった。

　一方，鎌倉時代あたりでは，慈善事業として，寺に設けられた風呂場などで，「施浴」ということが盛んに行われていた。施浴とは「入浴という恵みを与える」という意味である。なぜ寺で行われたのかについては，仏教のいくつかの仏典の中で「入浴によって七病を除き七福を得る」という功徳が説かれており，仏教を一般人に広げることを主目的として，寺の風呂場などで入浴させたとのことである。そのことが政治と結びつき，それぞれの時代における権力者のバックアップのもと，入浴が盛んに行われるようになったのではないかという説がある。このように入浴という行為が，わが国においては政治的かつ宗教的であったことも，われわれ日本人が「湯に浸かる」という入浴を特別視することの原点ではないかと考えられる。

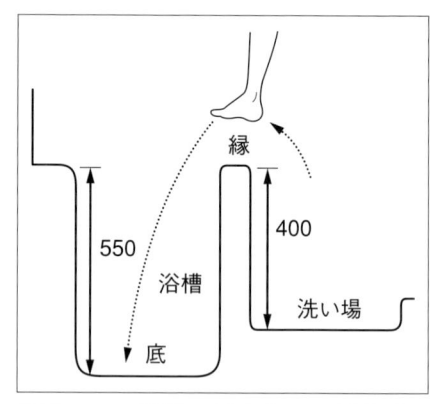

●図 3-50　浴槽の断面（またぎ動作時のイメージ）

2．入浴関連動作に関連する段差

　脱衣所から洗い場へ，そして浴槽へ入ってお湯に浸かるまでの移動および移乗動作，またその逆の動作を考えた場合，最低 2 つの段差を越えなければならない．

1）「脱衣所-洗い場」間の段差

　一般的な風呂場は，洗い場から脱衣所へとお湯が流れ出ないための仕組みとして，洗い場が脱衣所の床よりも 100〜150 mm ほど低くなっている．しかも，洗い場側の床は入浴時には濡れて滑りやすくなっている．利用者がそのような洗い場へ，この段差を意識しながら脱衣所から移動するときには，段差の高低にかかわらず，心理的にかなりの緊張を強いられるものである．この緊張が，通常時には行うことが可能なレベルの移動動作に対して悪影響を及ぼし，転倒リスクを高めると考えられる．

　したがって，段差解消の目的は，「つまずいて転倒するかもしれない」というリスクを事前回避するということである以上に，段差の存在確認後に起こると予想される心身の緊張状態を回避することである．つまり，廊下と居間および寝室などの出入り口における段差解消と同様，風呂場における「脱衣所-洗い場」間の段差においても，「段差をいかに通過できるのか」ということではなく，「段差をいかになくするか」という観点で，まずは検討するべきである．

2）「洗い場-浴槽」間の段差

　一般的な深さ 550 mm 程度の浴槽（和洋折衷浴槽を想定している．和風浴槽であればさらに深く，洋風浴槽であれば若干浅い）を，洗い場に立っている状態からまたいで入ることを想定する．

　そのときの浴槽縁の高さは，一般的に洗い場から 400 mm 程度であり，浴槽

●図 3-51　脱衣所と洗い場間のグレーチング　　●図 3-52　すのこの設置による段差の解消

に入るためには，その高さまで片足を持ち上げた状態から一気に，その足を浴槽底まで下ろす必要がある（図 3-50）。健常な者であってもこのような大きな段差を安全に越えるためには，壁や浴槽縁に片手または両手を支持させる必要がある。ましてや，立位バランスを崩しやすく，なんらかの介助を必要とする利用者であれば，非常に危険きわまりない動作となる。したがって，「洗い場-浴槽」間の段差においては，いかにまたぎ動作をコンスタントかつ安全に行ってもらうか，または座ったままで浴槽へ入るなどのほかの代替する方法を提案できるかが，住宅改修時の重要なポイントとなる。

3．風呂場における福祉住環境整備の具体策

1）「脱衣所-洗い場」間の段差を解消する

車いすレベルの利用者に対して行われる段差を解消する方法の一つとして，洗い場をコンクリートでかさ上げするという方法がある。出入り口部分のドア枠などによる小さな段差も解消し，脱衣所との段差をゼロにする。そのときには，脱衣所に水が流れ出ないように，出入り口のところに排水のための溝を設けて，その溝にはふた（グレーチング）をする（図 3-51）。これにより，シャワーいすと介助用車いすの機能をもつ「シャワーキャリー」の使用も可能となる（「第 4 章」参照）。

さらにこの方法は歩行レベルの利用者にも有効であり，出入り口や洗い場の壁に手すりを取り付ければ，緊張することもなく，脱衣所と風呂場を安全に出入りすることができるようになる。ただし，この方法は，既製のユニットバスでは困難である。

以上の方法が構造上の理由で不可となったり，利用者またはその家族に拒否

●図 3-53　清掃時を考慮したすのこの設置

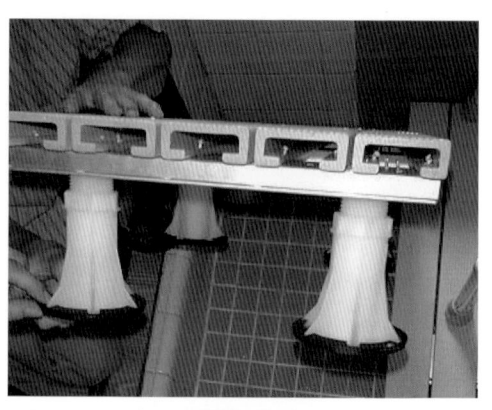

●図 3-54　高さの調整が可能なすのこ（がたつきをなくする）

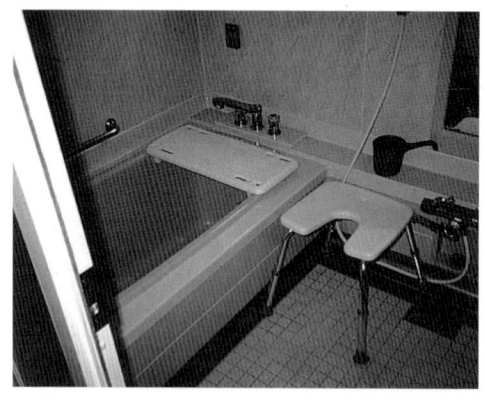

●図 3-55　シャワーいすとバスボードの導入

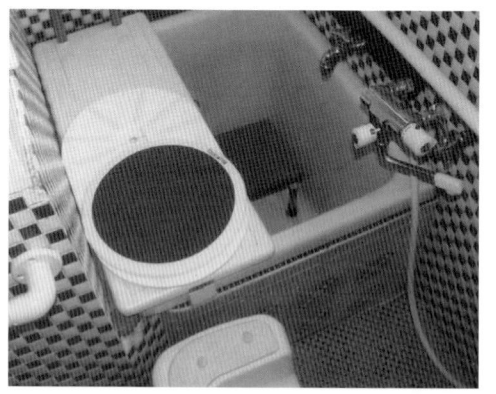

●図 3-56　バスボードにより狭くなってしまった浴槽

された場合には，洗い場に「すのこ」を設置し，段差を解消するという方法がある（図 3-52）。

　すのこを設置するときは，1 坪タイプ程度の風呂場の洗い場であっても，洗い場いっぱいの大きさのすのこにはせずに，2 分割または 3 分割して設置する（図 3-53）。これは，すのこの裏側に発生するカビなどを清掃するときへの配慮である。

　さらに，分割することで「がたつき」やすのこ間に微妙な段差が発生することが多い。その対策として，数 cm 程度の高さ調整が可能なすのこにする必要がある（図 3-54）。

2）「洗い場-浴槽」間の段差を解消する

　基本的には，シャワーいすなどに座った状態から浴槽へ入る方法が推奨され，状況によってはバスボードを用いる場合もある（図 3-55）。ただし，バスボー

●図 3-57　浴槽に入るときに必要な手すりの設置

ドは浴槽内に入った後には，逆に浴槽を狭くするなどの弊害を生じる場合があることから（図 3-56），慎重に導入する必要がある。

　手すりの取り付け位置も重要である。シャワーいすから浴槽に移動する場合に用いる手すりの設置位置は，利用者の身体状況や動作能力をもとに，適切な場所に取り付ける必要がある（図 3-57）。このときにも，可能な限り利用者にデモンストレーションをしてもらい，セラピストによる動作分析をもとにして，設置位置を決めることを勧める。

　また，さらに重症な利用者においては，電動のリフトが有効である（「第 4 章」参照）。

3）段差を利用する

　脊髄損傷などによる対まひまたは四肢まひの利用者には，脱衣所と洗い場の間の段差を解消するのではなく，逆に段差を大きくして，その段差を利用するという方法が用いられる。

　洗い場を車いすの座面と同じ高さにするという「段差設置の改修」を行うことで，脱衣所から洗い場に移動しやすくする。つまり，風呂場の戸を開けると約 400 mm 程度の高さ（段差）の台を設け，その台に向かって垂直にまっすぐに車いすを寄せ（図 3-58），車いすに座ったままの状態から足を台に上げ，長座位の姿勢のままで体を前進させ（図 3-59），洗い場に移動する。

　対まひである場合には，スペースがあるときには車いすを段差に対して斜めに寄せて，両上肢でプッシュアップし，臀部より移動することもある。いずれにせよ，車いすを段差に密着させやすくするよう，フットレストが側方へ開く車いすを使うか，高くした洗い場の下に高さ 350 mm，奥行き 250 mm 程度の「切り込み」を入れる（図 3-60）という工夫が必要となる。洗い場全体やその手

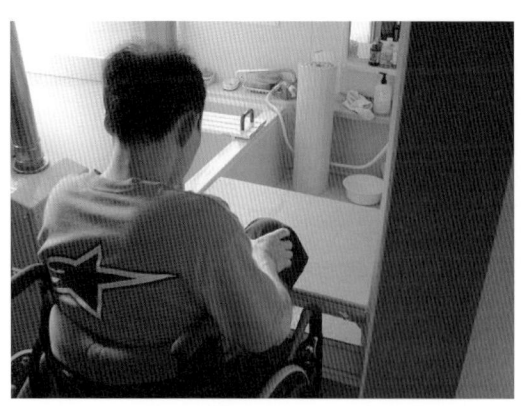

●図 3-58　車いすと同じ高さにした洗い場へのアプローチ

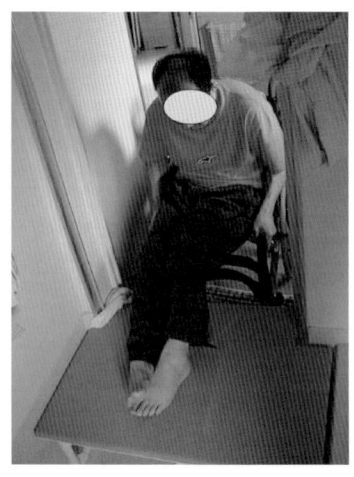

●図 3-59　洗い場への移乗風景

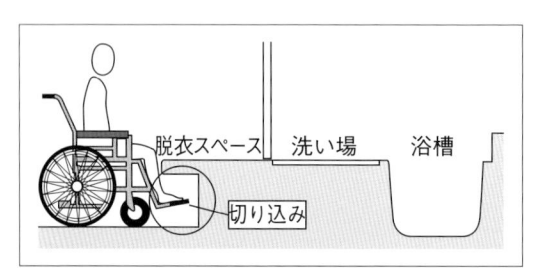

●図 3-60　小上がり様とした風呂場の断面と切り込み

前の脱衣所の途中より，小上がり様の段差とする場合もある。

4）滑りやすい風呂場の床面への配慮

　段差と同様に，動作中に緊張を強いるものが「濡れて滑る床」である。風呂場の洗い場の床は当然，使用時は濡れている。この濡れて「滑る」または「滑るかもしれない」という状況が，段差以上に人を緊張させ，通常行えるレベルの動作を困難にさせてしまうことがある。

　このような滑りやすい風呂場の床に対する対策の一つは，水がついても滑らない，しかもクッション性のあるマット類を敷くことである（図 3-61）。これは，必要な大きさや形に切断できるものや，1 辺 300 mm 程度の正方形を組み合わせるものなど，さまざま市販されている。ただし，このマット導入時の注意としては，決してマットがずれないように敷きつめるという点である。

　また，クッション性はないが，薄い特殊な金属のシートを床にシールのように貼るタイプのものもある。これは貼る前の床と同様に洗うことができ，施工にもよるが，はがれることもほとんどない。さらに，体に害のない天然の滑り止め塗料を床に塗るという方法も有効である。

●図 3-61　滑りやすい床面に対するマットの設置

●図 3-62　バルサルバ効果予防のための小さな台の導入

5）バルサルバ効果への配慮

　風呂場においてシャワーいすを使うことにより，多くの利用者が安定した状態で安全かつ楽に体を洗うことができるようになる。座ったままで肛門およびその周囲を洗うことができるように，座面前方に切り込みが入っているシャワーいすもある。

　また，シャワーいすとバスボードの機能を兼ね備えたベンチを設置することもある。シャワーいすもベンチも，自立や介助を考えたうえでも非常に有効なものであるが，一つだけ注意を要することがある。それは，シャワーいすまたはベンチに座った状態で上体を前屈させ，洗い場の床に置いてある洗面器などを使用することである。これは非常に危険な行為である。バランスを崩し，洗い場の床に倒れてしまうという可能性もあるが，さらに危惧されることが「血圧が急激に上がる」可能性があるということである。「タオルを洗う」などの作業を行うときには，床の洗面器に向かって上体を前屈させて息を止め，少し「ふんばる」という状況になることが多い。このときに血圧が瞬間的に上がる可能性がある。この現象は「バルサルバ効果」と呼ばれており，日常的に血圧が高い人では昏倒することもあり，リスクが高い。シャワーいすやベンチを導入または設置する場合には，この現象予防のために座面よりも少し低いぐらいの台を用意して，それに洗面器などを置くようにすることを推奨したい（図3-62）。

6）風呂場へのその他の具体的配慮

　浴槽の内側に取り付ける手すり様の「にぎり」は，お湯から受ける浮力によって不安定になる利用者の体を安定させるという効果がある。最初からこのにぎりがついている浴槽もあるが，後付けの場合には，取り付けに一工夫が必要な浴槽や，取り付けることのできない浴槽もある。

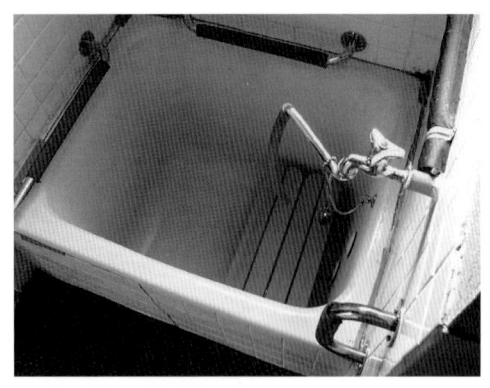

●図 3-63 立ち座り補助のためのバスチェアの導入

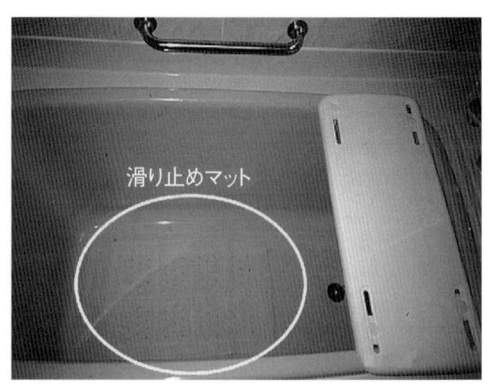

●図 3-64 浴槽の底に導入された滑り止めマット

　また，浴槽内のお湯に沈めるようにして設置する「バスチェア」も，状況によって選択肢に入れたい福祉用具である。浴槽に入ったものの，浴槽の底に臀部をつけた座りから立ち上がることができない，または困難という利用者には，導入の価値がある。200 mm ほどの高さのいすであるが（図 3-63），お湯の浮力と相まって，立ち座りの動作が非常に楽になる。ただし，深くまで体を湯の中に沈めることができなく，肩が湯から出てしまうことに不満をもつ利用者も多い。

　風呂場では洗い場も滑りやすいが，一部のプラスチック製やホーロー製などの浴槽の底も非常に滑りやすい。このときに浴槽の底に敷く滑り止めマットがある。このマットはその裏の小さな吸盤で，浴槽の底にしっかりと固定されることでずれることがなく，安全に浴槽内での動作が可能となる（図 3-64）。

　以上，大まかに住宅各所における住宅改修の実際を述べた。福祉用具を導入しつつ住宅改修を行っており，このことからも，福祉用具導入と住宅改修は切っても切り離せないものであることがわかる。住宅改修の大まかなイメージをつかんだならば，第 4 章の「福祉用具導入の考え方とコツ」に進もう。

Coffee Break

◆「住みかえ支援機構」って？

　団塊世代が子育てを終え，そして親の介護も終えたころ，そこに残るのは夫婦だけで暮らすには広すぎる「わが家」です。「もったいない」が合い言葉の戦前生まれの世代では，それこそ我慢して住み続けている人が多数派なのでしょう。

　しかし，自分らしい生活スタイルを重要視する団塊世代では，子どもたちがいなくなってガランとなった家に住み続けるという価値観は，かなり薄れているように感じます。自分の今後の生活に潤いをもたせ，自分らしい生活にするためには「住みかえ」という選択肢も，ごくあたりまえのことになりつつあるようです。

　東京では，その住みかえを支援する有限責任中間法人「移住・住みかえ支援機構」が 2006 年 10 月から始動しました。これはわが家の年金化策ともいえる事業です。団塊世代を中心とする人たちが，地方へ移住したり，都心へ住みかえしたりしたときに不要になったわが家を借り上げ，若い世代に貸すというものです。空き家となるリスクがなく，一生涯にわたって年金のように安定的な収入が保証される点がミソです。国が 5 億円の基金を出して損失保証を行いつつ，この移住・住みかえ支援機構が主導して，ハウスメーカーや工務店，宅建業者，金融機関，ファイナンス会社などの中の登録された民間事業者が事業展開していくことになります。

　関東では，郊外からの都心への回帰現象が起きています。また定年後の団塊世代の呼び寄せに積極的な地方自治体も増えています。今後増えると予想される「一人暮らし」への国策の一環として，ケアつき住宅などへの早めの住みかえを奨励する動きもあります。

　空き家となる広い家が，安価で若い子育て世代に利用され，そして貸した側は家賃を年金代わりに受けとることができるというシステム。移住・住みかえ支援機構がきちんと機能してこれが早く全国的に普及するよう，期待せずにはおられません。

Coffee Break

◆老いも若きもバリアフリー

　子育てを終え，夫婦だけで暮らすには広すぎる「わが家」を，子育て真最中の若い世代に貸し，自分らはその家賃を得つつ，より生きがいをもてる生活ができる家に住む。そんな世代間の住みかえを支援する機構ができました。

　しかし，そのままの状態で貸すわけにもいかないので，必ずリフォームが必要になります。このとき重要なのが，「バリアフリー」に関する知識と技術です。このことは，子育てを終えた夫婦が引っ越す先の家にも当然必要ですが，若い世代の方にも必要です。

　若い世代が住む家では，小さな子どもが走り回り，そしてその子育てに追われて，気持ち的にも時間的にも余裕があまりない夫婦という「家族」が生活することが多いでしょう。母親が妊婦である場合もあります。このような家族が安全に暮らせ，そして少しでも余裕ができるようにという目的で，家をバリアフリー化することも重要なのです。

　基本的には，なんらかの支援を必要とする高齢者や障害者に対するものと同じです。ただし，リフォーム時の「視点」を幼児や妊婦に合わせる必要があります。もちろん，若い世代に家を貸す側である「子育て終了世代」も視力や体力が衰え続けますので，バリアフリー化が新住居に不可欠です。

　まずは，家の内外にある「段差」についてです。屋内にある比較的小さな段差は，走り回る子どもや，足もとが見えづらい妊婦の母親が，それにつまずいて転ぶという事故が考えられます。屋内の段差は，きっちり解消しておく必要があります。

　玄関にある比較的大きな段差には，床から土間部分への「転落」の危険性があります。居間などからほかの部屋やトイレなどに行くときに，頻繁に玄関の近くを通らなければならない場合，なんらかの転落予防策が必要です。幼児には柵を設けることなどが必要ですし，高齢者などには段差を強調するような色合いの材を導入したり，段差のライトアップなどが必要です。

第4章

福祉用具導入の
考え方とコツ

1 福祉用具導入に必要なアセスメントの「3つの視点」(図4-1)

1．「利用者本人」に関する視点

　福祉用具導入においてはまず，利用者の身体機能をはじめ，過去から現在までの暮らしぶりや趣味，現在の心境，今後に関する要望，機器類に対する嫌悪感の有無などに関する情報を詳細に収集してほしい。

　特に日常生活動作の遂行能力を中心とした身体機能に関しては，「実際に動いてもらう」ことが重要である。利用者自身に通常の生活状況に近い形で動いてもらうことによって，福祉用具導入にかかわるサービス者側だけではなく，利用者本人やその介護者，家族も正しく身体能力を把握し，さらに家やその周辺環境に起因する問題などについても理解を深めることになる。

　しかし，利用者に動いてもらうことはすなわち，「転倒」などのリスクも高めることになるため，この部分は聞き取りで割愛することが多い。そこでセラピストという「介助をしながら，情報収集できる専門家」を同行させよう。逆に，セラピストの福祉用具導入においての役割は，利用者の動作分析をもとにした福祉用具選定のためのアドバイザーであり，機器に対する「もの知り」である必要はない。

2．「介護者や家族，社会」に関する視点

　介護者の心身の状態や介護状況，主たる介護者を中心とする家族の介護継続意志，利用者本人とその家族との人間関係（過去～現在），周辺地域の人的および物理的な社会資源の状況などについての情報は重要である。当然，福祉用具の導入だけで，利用者の生活を継続させられるということではない。特にその継続のためには，介護者を主とする家族の理解と協力が必要不可欠となる。介護者や家族との人間関係に関する因子も，福祉用具の適合および導入に大きく影響する。

　逆に，より適合した福祉用具を導入することにより，介護者を主とする家族による利用者への介助量が減り，そのことが介護負担感の軽減に結びつくことで，家族関係が修復されることも多々経験するところである。

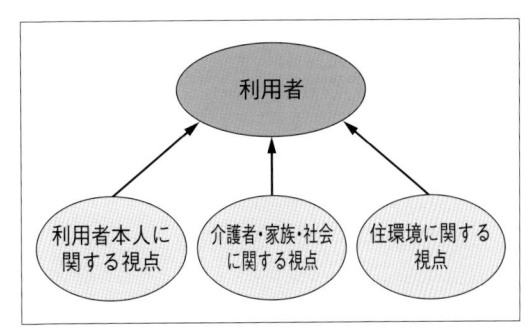

●図 4-1　アセスメントの3つの視点

3．「住環境」に関する視点

　福祉用具の適合およびその導入には，住環境が大きく影響することはあえて言うまでもない。したがって，家屋構造や建具，家具，設備機器などを含む家屋やその周辺の情報は欠かせない。より高度に適合した福祉用具を導入することにより生活を継続するための住環境が向上し，より自立した生活となり，その結果として「潤いのある，生きがいのもてる生活（人生）」へとつながる。したがって，住環境の現状を評価する視点もまた，自立支援を目的とした福祉用具導入には必要不可欠なものである。

　逆に，現状の住環境について考慮されていない福祉用具は，住環境とのミスマッチにより，その性能を十分に発揮できないだけでなく，利用者の「より自立した生活」につながらず，結果として福祉用具そのものが使用されなくなることが多い。

　したがって，住宅改修と連動する福祉用具（特に移動・移乗関連用具，排泄関連用具，入浴関連用具など）の導入を行う場合には，建築分野の専門家を同行させ，アドバイスしてもらう必要がある。

2 移動に関する福祉用具

1．車いす

1）車いすに対する考え方

車いすは「自走用車いす（図4-2）」と「介助用車いす（図4-3）」に，大きく分けることができる。さらに，介助用車いすの中には，座位が困難なレベルでの使用を想定した，バックレストが高く，フルリクライニングが可能な「重症者用介助車いす」もある。

介護保険の中での車いすは，利用者を介助で移動させるための機器という部分が強調されがちである。しかし，車いすとは本来，「自立のための補装具」であるということを忘れてはならない。車いすが「利用者を介助して移送するための用具」として取り扱われている場面を多々目にするが，自走用車いすこそが本来の車いすであり，介護用車いすは「床走行式リフト」の部類に入れるべきものであろう。

2）車いす適合の6つのポイント

車いすはその走行性も重要であるが，そのこと以上に重要な点が「良好な座位姿勢の保持」に関する性能である。逆に，良い姿勢で座ることによって利用者の動作遂行能力が高まり，走行性も向上することになる。結果として，多少の段差や傾斜した場所を走破する能力が高まり，住宅改修手段の選択肢が多くなる。

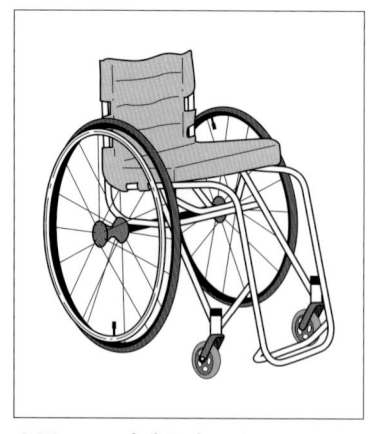

●図4-2　自走用車いす

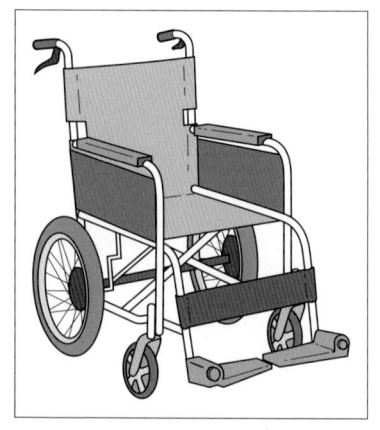

●図4-3　介助用車いす
アームレストをはね上げ，または着脱できるものをチョイス！

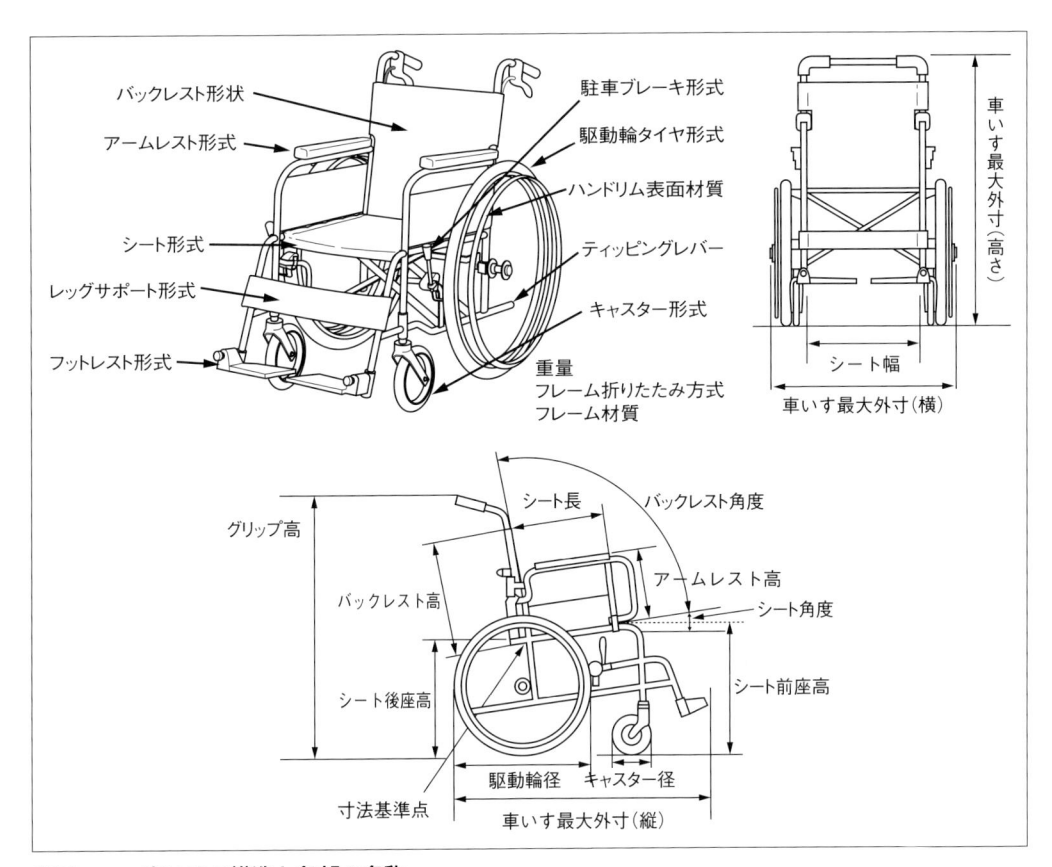

●図 4-4 車いすの構造と各部の名称

　また当然，車いすの構成部分（**図 4-4**）のすべてが重要であるが，特に重要と考える「6つのポイント」について次に述べる。6つのポイントをすべて勘案して車いすを導入することを仮に考えると，高価なオーダーメイド車いす以外では，「モジュラー式車いす」の導入が最良の選択となる。

①座面奥行き

　車いす座面の奥行きが短すぎる場合には，大腿部後面による体重支持のための面積が減り，その減じられた分，臀部の負担が増すことになる。つまり，数10分間程度車いすに座っているだけで臀部が痛くなり，その痛さを避けるために大きく座位姿勢が崩れることになろう。逆に奥行きが長すぎる場合には，下腿部後面がシート端にあたることによって臀部を十分にバックレストに近づけることができず，臀部が前方にずれ，背部がバックレストにもたれかかった「滑り座り」となりやすくなり，これも大きく座位姿勢が崩れることになる。

　奥行きは，上肢のみで車いすを操作する場合，フットレストに足を載せた状態で，座面シート前方端と膝後面との間に，2〜5 cm 程度の隙間ができるよう

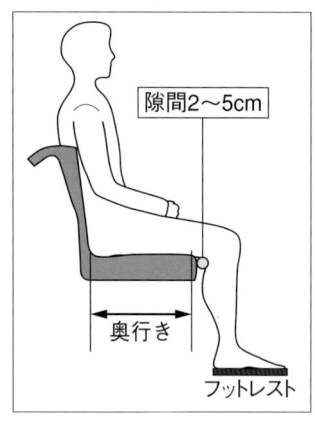

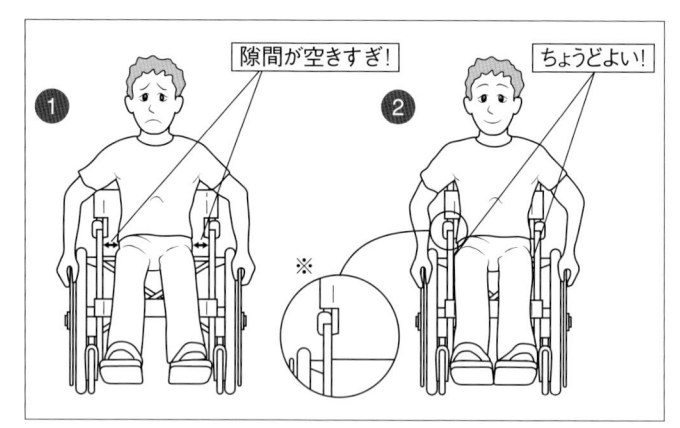

●図 4-5　適切な座面奥行き　　●図 4-6　座幅の決定：悪い例①と良い例②

にする必要がある（**図 4-5**）。下肢も用いて，または下肢のみで車いす操作をする場合には，下肢の自由度を大きくするために，隙間を大きめにとる必要がある。いずれにせよ，大腿部後面による体重支持のための面積を極力減らさないように，それぞれの利用者にとって最小限必要な隙間とすることが重要である。

②座幅

それぞれの利用者における座位保持能力にもよるが，座幅が大きすぎる，つまり臀部側部とスカートガードとの間の隙間が大きすぎると，臀部が左右方向にずれやすくなり，そして臀部がずれた側の反対側に体が傾いた「斜め座り」になる場合がある。さらに，車いす全体の幅（全幅）が大きくなり，狭い通路などの通り抜けが困難となることも考えられる。

逆に小さすぎる座幅は，車いすのスカートガードおよびフレームと臀部側部との不要な接触が増え，狭小感などで不快になるだけでなく，臀部側部が褥瘡となるおそれもあることから注意したい。

肘当てが座面側に出っ張っていない車いす（**図 4-6** の※）を想定すると（出っ張っているものはダメ！），座幅は基本的に「腰幅（左右の大腿骨大転子の幅）」に 2 cm 程度を加えた寸法とする。つまり，臀部側部とスカートガードとの間の隙間が片側 1 cm 程度になるように設定する（**図 4-6**）。

ただし，脳卒中などによる片まひ者では注意が必要である。片まひ者では，車いすでの立ち座り時に，前方だけではなく，体（重心）が左右方向にも動くことが多い。この動作に対して，2 cm 程度という設定値では車いすでの立ち座りのたびに肘当てなどが臀部などにあたり，その動作を阻害する可能性がある。したがって，片まひ者によっては「腰幅（左右の大腿骨大転子の幅）」に 4 cm

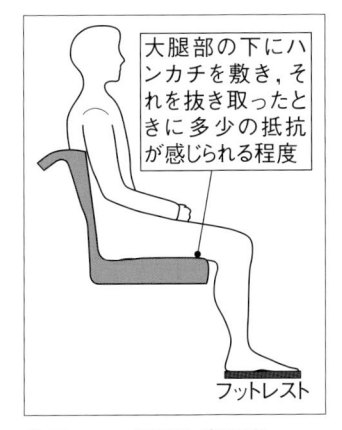

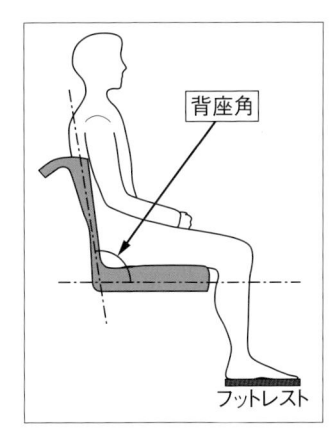

●図4-7　適切な座面高　　●図4-8　車いすにおける背座角

程度を加えた寸法とする場合もある。

③座面高

　座面高は基本的に，車いすに座っているときに常時足を着いているところ，つまり車いすの「フットレスト」，または「床」からの高さになる。座面高が低すぎると，大腿部後面が浮いた状態となって，大腿部後面で体重が支持されない分だけ臀部，特に坐骨結節部や仙骨部に体重が集中し，それらの部分に痛みが出たり，褥瘡ができる危険性を大きくする。また，車いす操作を足部でも行っている場合は，その利用者の車いすでの走行状況を見極めて，座面高を慎重に合わせることが重要である。当然，クッションなどを導入する場合には，その厚さも勘案する必要がある。

　座面高は，車いすに座っているときに常時足を着いているところ（車いすの「フットレスト」，または「床」）に，通常，車いすを使用するときに履く靴を着け，自然に足を下ろしたときに，大腿部後面が座面シートの前端部に対して，少しだけ圧迫するような状態にする（図4-7）。

④バックレストの高さと角度（背座角）

　バックレストは，それにもたれて体を休ませることに加えて，良好な座位姿勢を保たせるという役割をもつことから，その高さや角度をそれぞれの利用者の身体状況に適合させる必要がある。バックレストの不適合は，車いすの操作性を悪化させるとともに，脊柱が後弯して，坐骨結節ではなく仙骨部に体重がかかる「仙骨座り（滑り座り）」を引き起こす。

　まずはバックレストの高さであるが，上肢を使って車いす操作を行う場合，安定した座位の確保を前提とし，「その前提下で最も低くする」ようにする。なぜならば，バックレストが低ければ低いほど，肩関節や肘関節などを動かしや

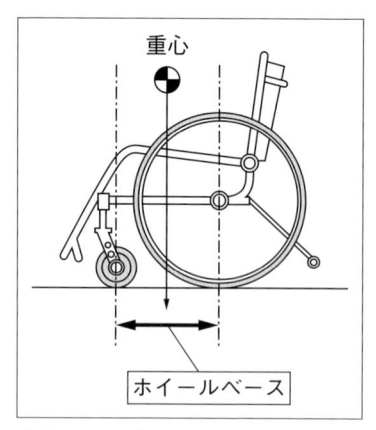

●図 4-9　車いすにおける重心とホイールベース

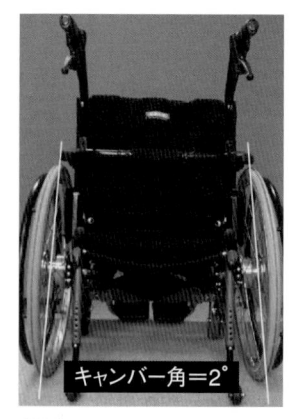

●図 4-10　折りたたみ式車いすにつけられたキャンバー角
（パンテーラ・ジャパン株式会社「カルム」）

すくなり，操作性が向上するからである。

　また，背座角は通常 95°に設定されている（図 4-8）。モジュラー式車いすなどでは，この角度を調整できるものもある。そのような車いすでは，利用者が最も良い姿勢となるよう，背座角を微調整することができる。背座角が小さすぎても仙骨座りの原因となるので，その設定には注意を要する。

⑤ホイールベース

　ホイールベースは，駆動輪（後輪）の軸と前輪（キャスター）の軸との距離である（図 4-9）。利用者が車いすに座った状態で，利用者と車いすを合わせた全体の重心位置に，後輪の軸が近い（ホイールベースが短くなる）と，後輪が分担する重さが多くなり（キャスターへの重さ分担が少なくなる），小回りの利く軽快に動く車いすとなる。また，車いす全体の長さを短くできることから，狭いトイレやエレベーターなどを使用しやすくなる。その反面，後方へ転倒しやすくなるなど，不安定になる。

　一方，全体の重心位置から後輪が離れれば（ホイールベースが長くなる，またはキャスターに近づく），キャスターでの重さの分担が多くなり，軽快には程遠い非常に操作性の悪い車いすとなる。

　車いす導入においては「転倒防止輪」のついているものを選択し，着座時や走行時の車いすそのものの安定性を勘案しながら，可能な限り全体の重心に後輪の軸を近づけるようにする。

⑥キャンバー角

　車いすを後方から見たときに，通常の車いすは後輪が床と垂直であることに

対して，スポーツタイプの車いすでは後輪が「ハ」の字のように床に向かって開いている。この角度が「キャンバー角（**図4-10**）」である。キャンバー角がついた車いすでは，直進性と回旋性が大きく向上し，軽快な操作が行える。しかし，この角度をつけるには，車いすのフレームにある程度の強度が必要である。また，キャンバー角をつけることで車いすの幅が大きくなり，狭い通路や出入り口の通行が困難になることがある。子ども用の車いすはもともと幅が小さく，車いすの幅が大きくなりすぎて狭い通路や出入り口の通行が困難になるということはないため，このキャンバー角を大きく設定することができる。

キャンバー角は通常，2～6°で設定される。たとえ2°のキャンバー角であっても，それが設定されていない車いすと比較して，大きな直進性と回旋性が得られる。

2．杖類

人は動くことで，筋力や体力などの運動能力を維持・向上させるだけなく，体の内側にある「内臓」のさまざまな機能を活性化させ，健康状態を良好に保っている。現在の体調を維持し，そして向上させ，可能な限り「自分らしい生活（人生）」を送るためには，積極的に常に前向きに「動くこと」が肝要であると考える。

動くことの中でも，特に「歩く」ということが最も身近で手っとり早いものであろう。しかし，筋力や体力，バランス能力などの身体能力の低下によって，歩くたびに常に危険がつきまとうようでは，歩くことに対して消極的になってしまうのも無理はない。

そのようなとき，筋力や体力，バランス能力などの身体能力の不足分を補完する道具こそが，「杖」という生活用具である。視力の悪化時には眼鏡を導入することと同等に，歩行に不安を感じたら杖を導入することが通常の流れといえる。もし，杖を導入することを躊躇している利用者がいたら，「決して，杖を使うことは特別なことではない」と言って，励まそう。

1）杖の基本

杖の長さは重要である。そして杖は，その使い方によって長さを変える必要がある。例えば，視力障害者が使う杖は，歩くことを安定させるために使用する杖よりも，一般的に長めになっている。本章では，「歩くことを安定させるため使用する杖」の長さ（地面からの高さ）に限って述べたい。

①T字杖およびC字杖（オフセット杖）

最も一般的な杖である「T字杖」の長さの合わせ方にはいろいろな方法があ

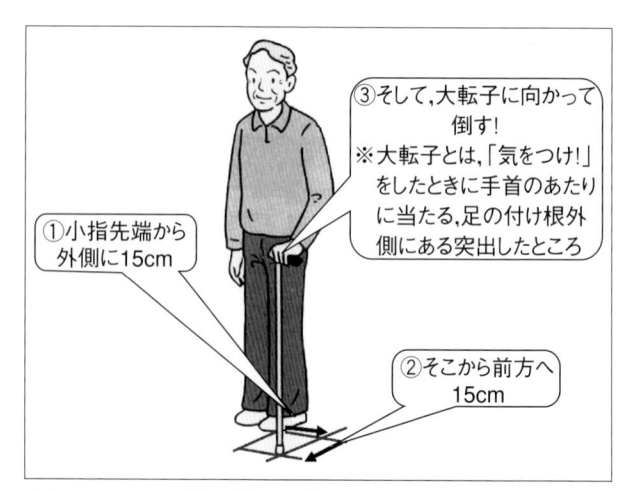

●図4-11 T字杖の長さの合わせ方の例

①小指先端から外側に15cm
②そこから前方へ15cm
③そして、大転子に向かって倒す！
※大転子とは、「気をつけ！」をしたときに手首のあたりに当たる、足の付け根外側にある突出したところ

●図4-12 ロフストランドクラッチ
●図4-13 多点杖
●図4-14 バランスウォーカー

　る。その中の一つの合わせ方としては、杖を使う側の足の小指から「外側に15cm」、さらに「前方に15cm」出した点で杖を握り、その握った側の肘が約150°（肘関節30°屈曲）になるような長さにするという方法である（図4-11およびp95参照）。利用者の状態によっては、わずか1cmの長さの違いが歩くことに悪影響を及ぼすこともあるため、慎重に長さ合わせをする必要がある。

　ただし、上記の長さ合わせの方法は、あくまでも基本であり、利用者それぞれの身体状況や使用環境に合わせて、長くしたり短くしたりするなどの微調整が当然必要である。セラピストがもし同行していたら、セラピストによる動作分析の結果を参考にして、長さを決めてほしい。

●図 4-15 松葉杖　●図 4-16 腋下杖　●図 4-17 腋下杖の長さの合わせの例

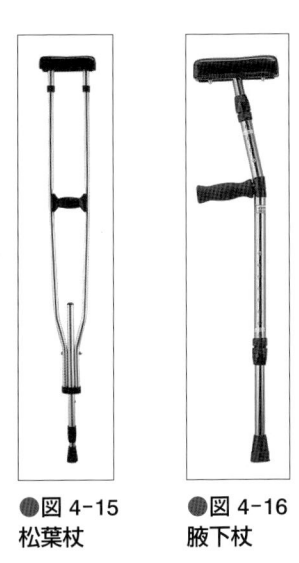

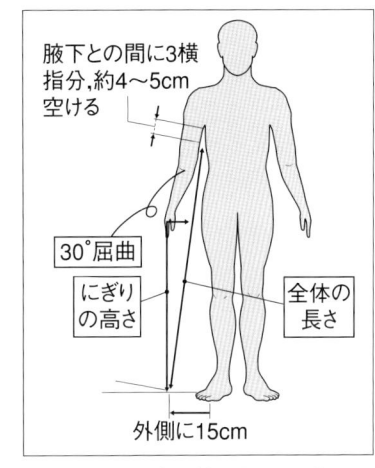

②ロフストランドクラッチおよび多点杖

「ロフストランドクラッチ（図 4-12）」や「多点杖（多脚杖；図 4-13）」,「バランスウォーカー（図 4-14）」は，T字杖よりも多くの体重を杖にかける必要がある人や，歩行安定性が低い人に使われる。長さ（高さ）の合わせ方は，基本的にT字杖と同じである。

ちなみに，バランスウォーカーは，片手用歩行器とも呼ばれ，多点杖と歩行器の境界にある福祉用具であり，多点杖よりもさらに歩行安定性の悪い利用者に対して導入される。

③松葉杖および腋下杖

松葉杖（図 4-15）や腋下杖（図 4-16）などの腋下付近までの長さがある杖は，T字杖やロフストランドクラッチなどよりもさらに多くの体重を杖で支持する必要がある利用者に導入される。「腋下杖」という呼び名ではあるが，当然，体重を腋下で支持するものではない。体重は杖中央にある「にぎり」で支持することから，この「にぎりの高さ」を利用者それぞれに合わせる必要がある。

この合わせ方もいろいろな方法があるが，肘関節を30°ほど曲げたときの親指の付け根（母指球中央）と地面までの長さにするという方法もある。全体の長さは，床に杖をついている状態（足の小指から外側に15 cm離した状態）で，腋下と杖の「脇当て」との間に4～5 cm程度の空きを作る必要がある（図 4-17）。

2）杖の長さ合わせの仕組み

市販されている杖では，長さを合わせる方法で分けると3つのタイプがある。

①切って調節

ちょうど良い長さで「切る」というものである。これは短く切ってしまった場合には当然長くすることはできないので，慎重に長さを決め，切る必要がある。

②有段階調節

約2cmおきに穴が6～8個程度空いており，その穴の数だけ長さの調節が可能なものである。身体状態や使用状況などに応じて，簡単に長さ調整ができるが，微妙な長さ調節はできない。

③無段階調節

無段階で長さ調節ができるもので，身体状態や使用状況などに応じて，微妙な長さ調節ができる。微妙な長さの違いが歩行に影響を及ぼすこともあることから，これを推奨する。

3）「にぎり」の形状

杖は，「にぎり」部分の形状も重要である。しっかりと握れないことにより，歩くことの安定性が損なわれることもある。通常のT字杖はにぎりを握ったときの指の収まりが悪く，杖をついたときに，杖にうまく力が伝わらないことがある。

T字杖は体重を支えるためというよりは，バランスを補助する役割が重要であり，握り方一つでそのバランスにも悪影響を与えることが考えられるため，握りやすさに関しても十分な配慮が必要である。T字杖の中には，にぎりに対して工夫を凝らしているものもある（図4-18）が，T字杖の仲間である「C字杖（オフセット杖；図4-19）」を導入するという選択肢もある。この杖はその杖のにぎり部分の形状から，握っている手が自然な状態となり，より強くしっかりと握ることができる。

4）生活用具としての杖

杖は歩く能力を補完する道具である一方で，「自分らしさ」を表現する道具でもある。以前は，銀色に光るいかにも金属というような杖やその表面に黒色をコーティングしたもの，残りは木製のものであった。しかし現在では，杖本来の基本性能そのままに，いわゆる視覚的にも装飾的にもハイレベルな，「おしゃれ」な杖が多数市販されている。

例えばT字杖では，さまざまな色や模様，素材のものが作られている。赤や青の杖のみならず，金色や紫，緑などさまざまある中から選択できる。それら

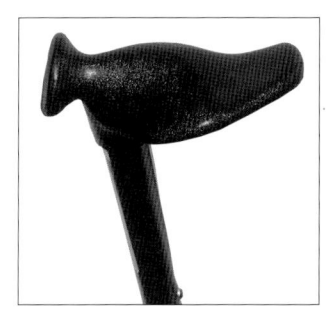

●図 4-18 握りやすい工夫のされた杖のにぎり

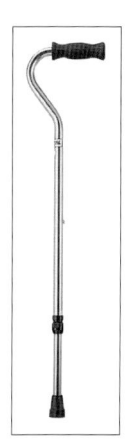

●図 4-19 C字杖(オフセット杖)

の模様も，花柄や星柄，格子模様の杖に加え，高級漆塗り様の杖や竹をイメージしたものまである。もはや杖は，歩行能力を補完することにとどまらず，アクセサリー同様のおしゃれアイテムとして導入できる生活用具に進化した。

ただし，あくまでも杖としての機能が重要であり，身体状況などに対して長さやグリップの太さなどを「合わせる」ということが重要であることには変わりはない。

5）杖をより高機能化するオプションパーツ類

利用者による杖に関連した動作をさらに安全にし，その使い勝手を良くするオプションパーツも，多く用意されている。杖に合わせて，積極的に利用したい。

①杖ストラップ

脳卒中などによる片まひ者など，片手が使えない人では，杖を持っているほうの手でドアノブなどを回さなくてはならない。しかし，そのためには杖をどこかに立てかけるなどしなければならない。そのようなときに立てかけることなく，杖から手を放すことができ，手を自由に使うことができるようになるというパーツが「杖ストラップ（図4-20）」である。ひも状のものが一般的であり，さまざまな長さや模様のストラップが市販されている。

②杖自体の転倒防止器

一本足の杖が床などに転ばないように，杖をテーブルなどの平らなものの端や，何かの出っ張り部分などに立てかけておくパーツである（図4-21）。壁などに立てかけていた杖が床に転がり，それを押さえようとして，または拾おうとして利用者自らが転倒するというような事故も，未然に防ぐことができる。

●図 4-20 杖ストラップ

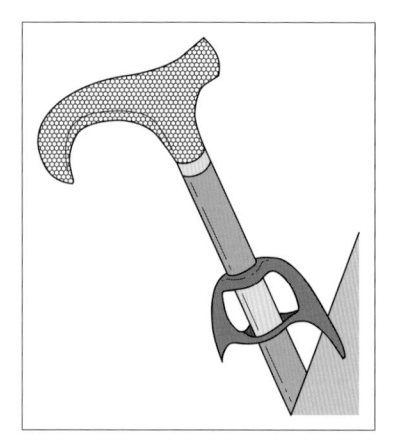

●図 4-21 杖の転倒防止器

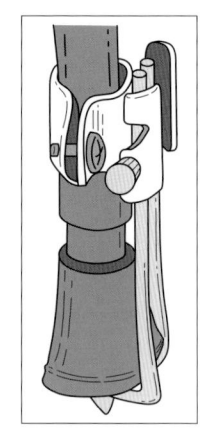

●図 4-22 雪道での滑り防止のための杖先

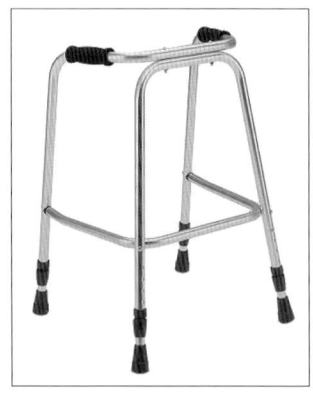

●図 4-23 車輪のないタイプの歩行器

●図 4-24 車輪のあるタイプの歩行器

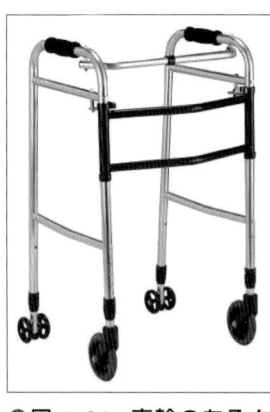

●図 4-25 屋外での使用も可能な歩行車

③杖先ゴム

　杖の重要なポイントとして，長さやにぎりについて述べてきたが，さらに地面との接点部分である杖先の形状や材質も重要である。

　より広い接地面積を確保するように工夫されたものや，杖が傾いていても杖先ゴムが常に全面で接地するもの，雪道で杖が滑らないように取り付けるもの（**図 4-22**），最初から滑らない工夫が行われている杖先など，さまざまな選択肢が用意されている。

3．歩行器およびシルバーカー

　「歩行器」と「シルバーカー」の2つはたいへん似ている機器であるが，導入するときの目的や使用場面が大きく違うことから，明確な使い分けが必要で

ある。

1）歩行器

歩行器は基本的に，歩くことが困難な利用者が主に室内で使う歩行補助具である。大まかな分類としては，「車輪がついていないもの（図 4-23））」と「ついているもの（図 4-24）」とに分けられる。体重を支える能力とバランスを補助する能力が大きいことで，杖よりも安定した状態で安全に歩くことができる。

「後方に転倒しやすい人」は，原則的に導入すること自体に対して深慮する必要がある。このことは歩行器導入時の注意点でもある。さらに，脳卒中などによって「半身がまひした人」は歩行器の操作自体が困難であることがほとんどで，逆に歩行器を導入することでさらに不安定な歩行になることが多々あることから，その導入を慎重に検討する必要がある。そのような利用者には，「バランスウォーカー（p 94，図 4-14 参照）」の導入を検討したほうがよい場合もある。

病院でのリハビリテーションの流れの中では，平行棒内で歩行練習を行い，その成果が現れはじめた時点で，この歩行器へと移行することが多い。つまり，杖での歩行を練習する前段階において，一時的に導入する場合が多々ある。そのような意味では，「移動できる平行棒」ともいえる。

若干ではあるが屋外で使うことのできるタイプの歩行器もあり，「歩行車（図 4-25）」と呼んで歩行器と分ける場合もある。

また歩行器は，杖に移行することを目的として一時的に使用することが多いという福祉用具ではあるが，当然，継続して使い続ける利用者もいる。ただし，実際の日常生活場面で使用してみると，杖ほどの実用性はないうえに，床に段差やでこぼこ部分があったり，床が比較的急勾配で傾いているなどしている住環境では使用困難となる場合がある。つまり，歩行器導入時には「住環境」についてよりいっそう注意深く確認する必要がある。

①歩行器の高さ設定

歩行器の高さは基本的に「杖の長さ（にぎりの高さ；p 95，図 4-17 参照）」である。この高さに確実に設定することで，歩行器の機能である「体重を支える能力」と「バランスを補助する能力」がより効率的に発揮され，杖よりもさらに安定して安全に歩行することができるようになる。

ただし，歩行器の高さの合わせ方には例外もある。病院の廊下などでよく見かけるキャスターつきの比較的大きめの「肘支持型 4 輪歩行器（図 4-26）や 6 輪歩行器（図 4-27）」では，使用する人が立っているときの「肘」の高さに合わせるか，それよりも少し高くするように設定する。利用者は肘から前の腕全体を歩行器の上に載せ，通常の歩行器よりも体重を少し多めにかけることに

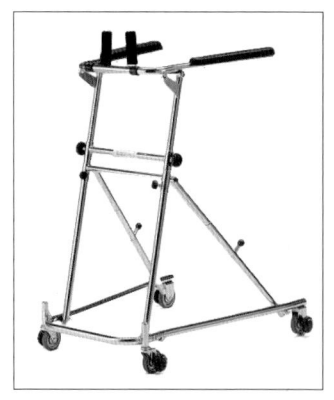

●図4-26 肘支持型4輪歩行器
●図4-27 肘支持型6輪歩行器 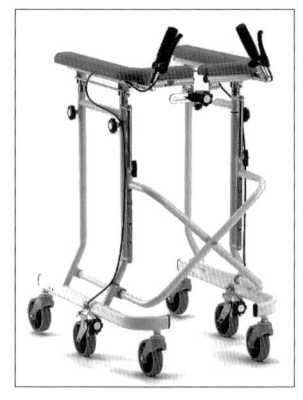
●図4-28 交互式歩行器 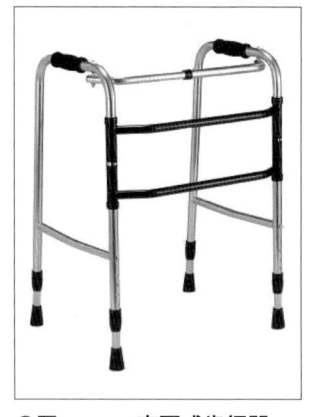
●図4-29 前にのみ車輪のついた歩行器 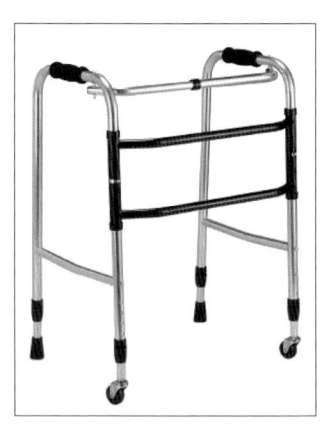

よって，下肢への加重が少なくなり，より楽に歩行することができる。

②さまざまな歩行器

在宅での生活の中で使用される歩行器は数多く製品化されており，さまざまな種類から選択することができる。

例えば，左右を交互に出しながら前進する「交互式歩行器（図4-28）」や，前にのみキャスターがついた歩行器（図4-29），4脚すべてにキャスターがついている歩行器（図4-24）など，さまざまである。特に交互式歩行器は，杖歩行に移行することを大前提に使われることが多く，左右の脚を交互に前方に出す様子は，両手に杖を持っているときの歩き方に似た歩行となる。

また，通常の歩行器ではほぼ歩くことが不可能と思われるようなレベルの利用者においても歩くことができる，安定性重視の歩行器もある（図4-30）。

4輪タイプの中には，歩行器だけが前方に進みすぎないように抵抗をつける

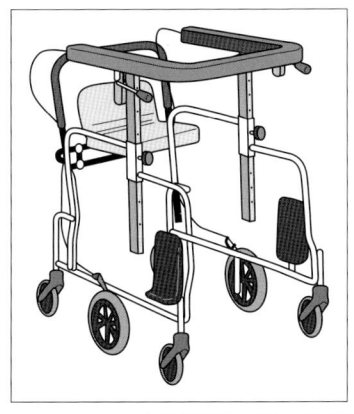

- 図 4-30 立位不可な者も歩行できる歩行器
- 図 4-31 後方支持型の歩行器 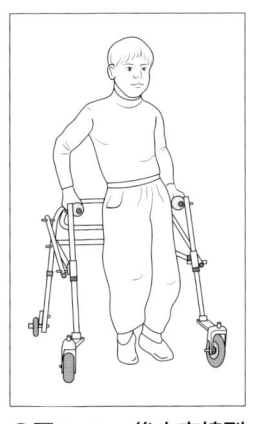
- 図 4-32 木調の歩行器 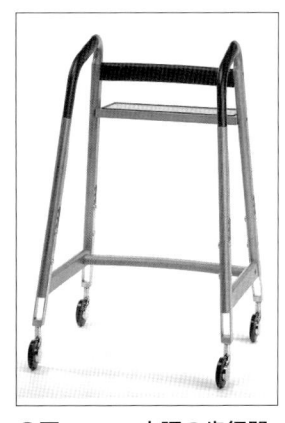
- 図 4-33 一般的なシルバーカー 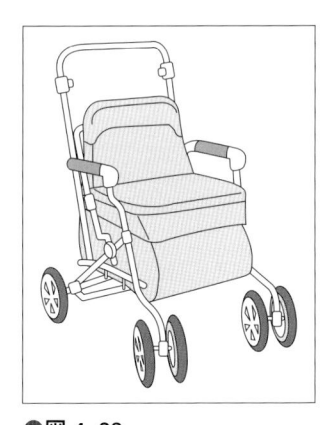
- 図 4-34 シルバーカーのハンドルバーの高さの決定 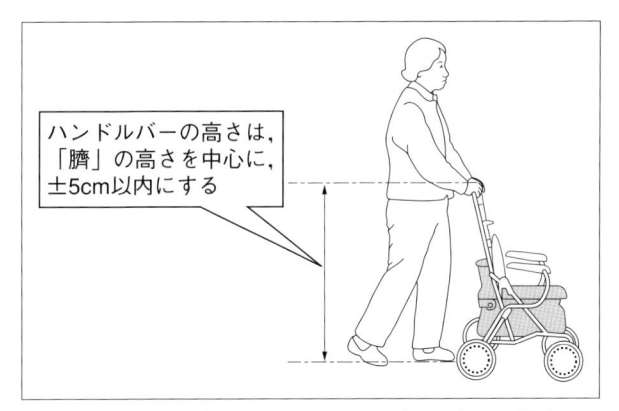

ハンドルバーの高さは，「臍」の高さを中心に，±5cm以内にする

ことができ，歩行スピードをコントロールできる歩行器もある。さらに，歩行器は後方に転びやすい人は使用が困難であると前述したが，そのようなタイプの利用者のために「後方で支える歩行器（図 4-31）」もある。生活の中での実用性は低いが，「とにかく歩きたい」という利用者には導入の価値があると考える。現在では子ども用が主流ではあるが，若干大人用も用意されている。

さらに最近では，さまざまなデザインや色，材質の歩行器が市販されており，身体機能を補うだけではなく，杖と同様「おしゃれ」という要素も少しずつ増えている。金属質のギラギラ感が嫌な人には木調の歩行器（図 4-32）もあることから，導入時の選択肢に加えてもらいたい。

2）シルバーカー

シルバーカー（図 4-33）は基本的に，屋内や家のごく近所を散歩するなど，比較的短い距離であれば問題なく歩くことはできるものの，「比較的長い距離

●図 4-35　シルバーカーが不適合と思われる利用者

を歩くことに対して不安をもっている人」や「買い物後に荷物を持って歩くことが困難な人」などが使う歩行補助具である。体重を支えるという機能は低く，「バランス補助」に重点を置いて作られている福祉用具である。

　荷物を収納するための「かご」がついているものが多く，その部分に座ることができるように作られている。買い物後の荷物をその中に納めることができることで，荷物を持ち歩く必要がないうえに，買い物や散歩の途中で歩き疲れたときなどに，シルバーカーに座って休むことができる。この機能が非常に重要であり，「疲れたならば，いつでもどこでも休める」という安心感が歩行距離を延ばし，活動範囲を広げる一助となる。

　①シルバーカーの「ハンドル部分」の高さ

　ほとんどの歩行器がその両側にある「にぎり」を握って体重を支えて歩行するが，シルバーカーはその後方にある「ハンドルバー（押し手）」を握って歩行する。前述したが，シルバーカーは基本的に「自分で歩行することができる人（杖を使用して歩行している人も含む）」が使う歩行補助具であることから，歩行器のように体重を支えるものではなく，歩行時のバランスの悪さを微少に補完する程度のものである。したがって，そのハンドルバーの高さは，歩行器の「にぎり」の高さとはまったく違う高さとなる。

　その高さは，おおよそ「臍の高さ」である（図 4-34）。この臍の高さを中心に，±5 cm 程度の範囲で，使用する人がシルバーカーを最も操作しやすい高さに合わせるようにする。この臍の高さというのは，人間の重心高より少し高い点であり，人間のバランス補助が効率的に行える点といえる。また，ハンドルバーを重心よりも高く設定することで，ハンドルバーを握ったとき，不用意に体重がシルバーカーにかかりにくくする効果もある。逆に，重心よりも低く設定しなければ歩けないような人（図 4-35）は，シルバーカー自体が不適合と

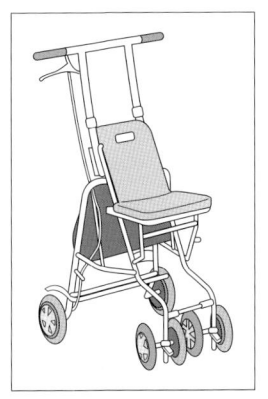

●図 4-36
折りたたみが可能な
シルバーカー

●図 4-37
物入れ機能を重視した
シルバーカー

考えられることから，屋外で使用可能な歩行器（p 98，図 4-25 参照）を選択するべきである。

②長期間使用での注意点

シルバーカーを長期間使用する場合の注意点としては，シルバーカーは使えば使うほど，腹筋や背筋などの「抗重力筋（重力に逆らって姿勢を保つ筋）」を弱化させるおそれがあるということである。ハンドルバーにかかる利用者の体重が少ないとはいえ，体重がシルバーカーにかかっていることには変わりはなく，このような状態で歩くことを長い期間続けることで抗重力筋の活動が弱まり，その結果として筋力が弱化するのである。極端な場合では，筋力弱化（特に腹筋群）によってシルバーカーなしでは歩行困難となることもある。この弊害を防ぐためには，日常的に腹筋を強くするような体操を続けたり，シルバーカーに頼りすぎないで，その利用時には常に軽くお腹に力を入れていることを意識して歩く習慣をつけることである。

③さまざまなシルバーカー

繰り返しになるが，シルバーカーは屋外での使用を前提とし，歩行可能な人がさらに活動的に楽に遠くまで歩き，疲れたならばすぐに座って休むために使うものである。また，荷物を持って歩くということを気にかけずに，買い物を楽しむなどの目的で使うこともある。したがって，それら使用目的に合致した「操作性の良さ」も，導入時の重要なポイントとなる。

このような「操作性の良さ」という観点でシルバーカーを考えると，シルバーカー自体の重さも重要な選定ポイントとなる。ここでは「重量安定タイプ」と「軽量軽快タイプ」に分けて，その特徴を述べる。

●図 4-38　電動段差解消機　　　　　　　●図 4-39　手動段差解消機

【重量安定タイプ】
　これは基本的に後方にあるハンドルを押すことで前進させ，操作性が良く，疲れたときにはゆったり座ることができる頑丈な作りのタイプである（p 101, 図 4-33 参照）。重量が 6〜9 kg 程度であり，当然，重い分だけ安定もしているが，操作性という面から考えると，押しながら方向転換するときなどにその操作に比較的力が必要となる。

【軽量軽快タイプ】
　これは操作が簡単なうえに折りたたみができ，必要なときに使用する比較的簡易なものが主である（図 4-36）。重さは 3〜6 kg 程度であり，軽いことで操作性が良い反面，頑丈な作りのタイプに比べて安定性に劣る。物入れ機能を重要視した「座ることができないタイプ（図 4-37）」と，従来の「座ることのできるタイプ」が半々程度である。「座ることのできるタイプ」も軽量であることから比較的不安定であり，座るときに注意が必要である。
　また，「重量安定タイプ」および「軽量軽快タイプ」の双方に，色や柄，デザインもさまざま用意されていることから，導入時の選定項目として加えてほしい。

4．各種リフト（風呂場で使用するもの以外）

　リフトは，「上下のみするもの」と，「吊り上げた後に水平移動できるもの」との 2 つに分けることができる。

1）上下のみするリフト
①段差解消機
　段差解消機は，屋外と屋内との段差，または上がり框部分の段差の解消によく用いられる。

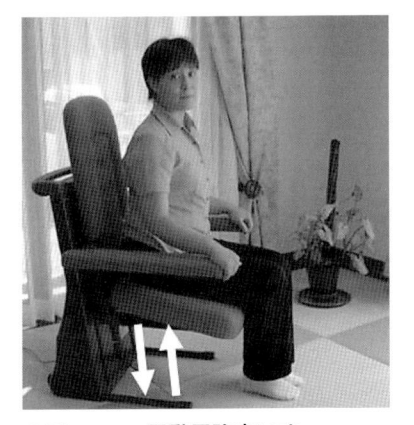

●図 4-40　電動昇降座いす

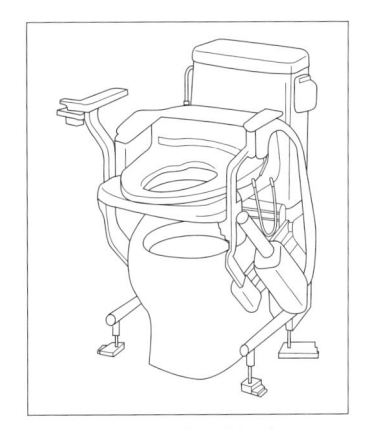

●図 4-41　電動昇降便座

電動のもの（**図 4-38**）が主流であるが，一部手動のもの（**図 4-39**）もある。自立という面ではこの段差解消機がスロープよりも優れていることから，スロープを設置する前に，この機器の導入について必ず検討してもらいたい。スロープと比較して高価ではあるが，何事にも代えがたい「自立促進」という点では，スロープの数倍の価値があると考える。

機器性能としては，50 cm 程度を上げ下げするものが主であるが，1 m 以上可能な機器もある。介護保険での貸与対象となっており，防水性が弱い「屋内設置型」と，防水を重視した「屋外設置型」がある（屋外設置型は高価である）。

②電動昇降座いす

いすの座面が電動で上下し，畳での立ち座りを補助する「電動昇降座いす（**図 4-40**）」もまた，上下のみするリフトの部類に入れることができる。

これは，いすからであれば立ち上がることが自力で可能であるが，床からは立ち上がることができない，かつ，なんとしても畳などに座っての生活を送りたいという利用者には，ぜひ導入を検討してほしい。この機器では，壁に取り付けるベンチタイプのものもあり，玄関の上がり框の通過を座ったままで行うときや，玄関での靴の着脱時などに用いられる。さらに，トイレの便座への立ち座り動作を補助する「電動昇降便座（**図 4-41**）」もこの部類に分けられる。

2）吊り上げた後に水平移動できるリフト

これは基本的に，体に装着する「吊り具」と，その吊り具を持ち上げる「本体」とに分かれている。

①天井走行式リフト

天井走行式リフトは，本体部分が天井面に取り付けられたレールに沿って水平移動する（**図 4-42**）。レールは直線や曲線のものがあり，それらを組み合わせて，目的とする場所まで到達できるように設置する。レールを交差させるこ

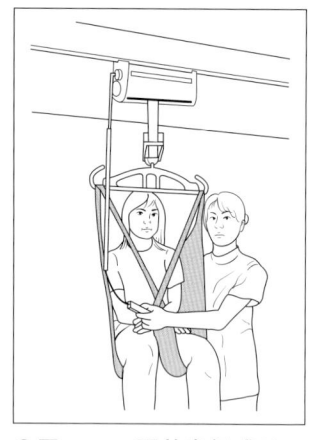

●図 4-42　天井走行式リフト

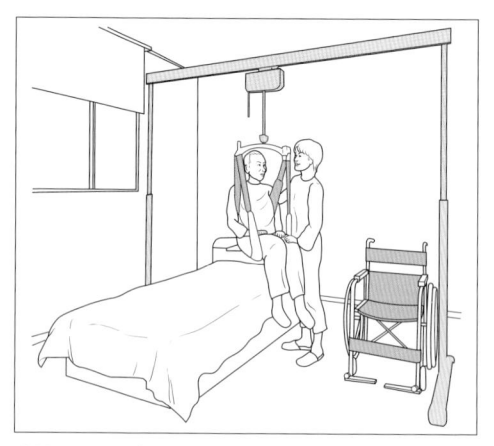

●図 4-43　据え置き式リフト

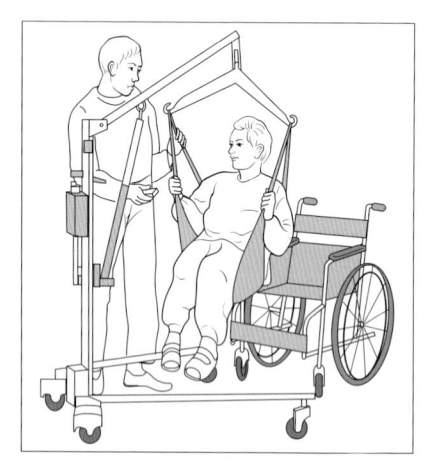

●図 4-44　床走行式リフト

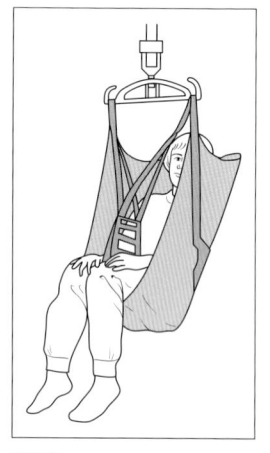

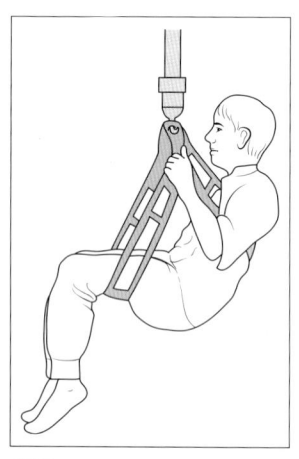

●図 4-45
吊り具：ローバックタイプ

●図 4-46
吊り具：ベルトタイプ

ともでき，そのときには分岐レールや方向転換装置が交差するレール部分に設置される。耐荷重は 100〜150 kg 程度であり，そのような重さに耐えられるよう，レールを取り付ける天井裏部分の構造に，比較的大がかりな補強工事がほとんどの場合で必要となる。ちなみに介護保険の対象外である。

②据え置き式リフト

ある特定の部屋の内部のみで終始する移動や移乗のために導入される（図 4-43）。部屋に組まれたフレームにレールが組み込まれており，それに沿って懸垂装置が水平移動するものである。

ほとんどの場合，寝室でベッドと車いす間やベッドとポータブルトイレ間の移乗に用いられている。設置工事がほとんど必要ないうえに，天井走行式リフトと比較して低価格である一方，移動や移乗の場所が限られてしまう。介護保

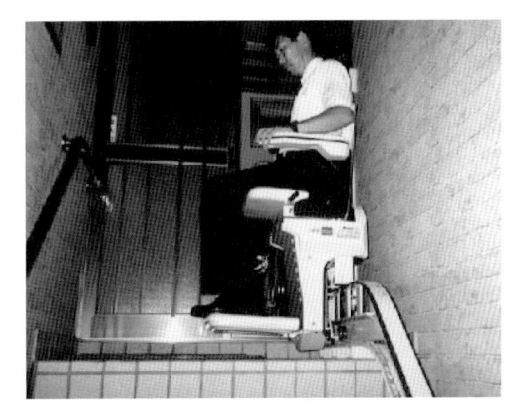

●図4-47　いす式階段昇降機

険での給付対象品目である（本体が貸与で，吊り具は購入）。

　③床走行式リフト

　キャスターがついていて，利用者を吊り上げたままの状態で床を移動できるリフトが「床走行式リフト（**図4-44**）」である。車いすとベッド間，ベッドとトイレの便座間，車いすと浴槽間など，リフトアップしたい場所により，どのようなタイプにするかを検討する必要がある。

　「床走行式リフト」導入時は，そのキャスターが小さいことから，段差を乗り越える能力も非常に小さく，家中をきめ細かく段差解消する必要がある。据え置き式リフト同様，介護保険での給付対象品目である（本体が貸与，吊り具は購入）。

　④吊り具

　吊り具は大きく分けて2つのタイプがある。

　一つ目は，体全体を包み込むように装着する「ローバックタイプ（脚分離型・シート型；**図4-45**）」で，吊り具をベッドに敷いた状態で装着させ，リフターで持ち上げる。頭の後ろから膝裏あたりまでを包み込むものや，腰背部と臀部を包むだけのものなど，いろいろなサイズがあることから，利用者の症状やそれを使用する場所などに合わせる必要がある。

　二つ目は，両方の脇の下と両方の太ももの裏（膝に近いあたり）にそれぞれ通した2本のベルトを装着させる「ベルトタイプ（**図4-46**）」である。これはシート型と比較して，着脱が簡単ということが利点である。

　3）その他のリフト

　家の1階と2階の間など，さらに大きな段差で使用する「ホームエレベーター」や「いす式階段昇降機（**図4-47**）」もリフトの一種といえる。

　「ホームエレベーター」はたいへん便利な福祉用具であるが，設置するための

専用の場所が必要であるうえに，費用が200〜300万円程度になるという点が設置の阻害因子となる。「いす式階段昇降機」では，いすの機器に乗り移るという動作が必要なことと，膝関節が90°以上曲がらなければ足載せ台に足を載せることができない機器が多いこと，階段が狭くなることなど，そして費用が50〜150万円程度になることが問題となる。しかし，2階へ普通に行き来できる生活を送ることができるようになるという点では，費用に代えがたいものがある。

Coffee Break

◆激増！　悪質リフォームにご注意！

　2005年，埼玉県などを中心に，一人暮らしの高齢者や夫婦のみの高齢者世帯を狙った「リフォーム詐欺」が横行し，警察によって摘発されました。その後，このようなリフォーム詐欺はなくなっているのでしょうか。実は激増しているのです。

　警察庁によると，2006年の1年間に逮捕された訪問販売による悪質なリフォーム事件の被害者数がおおよそ47,200人と過去最悪でした。これは2005年の約2倍に近い数値です。すべての被害者が高齢者ではないのですが，高齢者が集中的に被害を受けていることは事実です。

　その主な手口は毎度同じパターンで，家の点検などを装って高齢者のいる家を訪問し，話し相手になって気を許るさせ，工事の必要がないのに「このままでは柱が腐り，屋根が落ちる。補強しないと地震で壊れる」などと，過剰に不安をあおって契約させて工事代金をだまし取るというものです。

　このような悪質なリフォーム詐欺に注意するよう，それらの手口などについて，全国の消費生活センターなどが解説しています。名古屋市消費生活センターによると，始まりは「この地区で無料点検を行っている」「近所で工事をしているからついでに」などと称して，頼んでもいないのに点検に来て，点検後，悪いところをあれこれ指摘して，工事などの契約を勧めるそうです。続いて「このままでは地震が起きたら一発で倒壊する」などと言って，大げさに不安をあおるのです。冷静に考える時間を与えると断られることから，家族に内緒にするように促したり，契約をせかしたりするのです。断っても居座り，執拗に勧誘を繰り返して，急に脅迫しはじめたり泣き脅しをするのだそうです。

　各県にも同様の相談窓口がありますので，リフォームに不安がある人は一度，相談してみることをお勧めします。

3 就寝環境整備に必要なベッドとそれに関わる福祉用具

1．睡眠の必要性

　睡眠は，成長期の成長ホルモンの分泌とかかわり，副交感神経の働きを高めることによって血行を促して代謝を活発化させるなど，その効果は多様である。体内で作られる睡眠物質の一つであるグルタチオンは眠りを起こす力が強いだけではなく，脳の解毒剤としての作用も認められている。いわゆる睡眠とは，脳の解毒のためにあると考えてもよい。いずれにせよ，睡眠がわれわれ人間にとって欠かせない行為であることは，言い尽くされている。したがって，在宅ケアにかかわるベッドの開発や導入時においても，ギャッジアップ機能や高さ調節機能などのメカニカルな機能も当然重要であると考えるが，寝心地の良さをまずは優先しなければならない。

2．ベッドに必要な「寝心地の良さ」

　ベッドでは，利用者が臥位となっているときの寝心地について考えると，「体圧分布」とその分散が常に重要となる。背臥位では，立位時の「気をつけ」の姿勢における脊柱のカーブが再現されていることが前提となる（図4-48）。そのためには，背臥位時，身体の中で最も体重分布が大きい腰部や肩周辺が沈み込まないようなある程度の硬さをもったマットレスと，頭部が自然の位置に保たれるような枕の導入が決め手となる。柔らかすぎるマットレスでは腰部や肩周辺の沈み込みが生じ，そのことで不自然な身体形状の臥位となり，睡眠中における筋緊張をもたらすといわれており，この体圧分布についての配慮が重要である。

　この重要なマットレスにはさまざまなタイプがあるが，大まかにはその構造や材質から「スプリング系」や「ポリエステル繊維系」，「ウレタンフォーム系」に分類できる。スプリング系マットレスは，スプリングやそれを包むクッション材およびキルティング生地で構成され，一般のベッドで多用されており，一部電動ベッドでも採用されている。ポリエステル繊維系マットレスは透水性に優れ，比較的硬いうえに身体との接触面積が少ないことで通気性が良く，蒸れにくいことが特徴である。ウレタンフォーム系マットレスは，原料や発泡方法などによって特徴が変化し，硬さや密度，切断形状などによってさらに細分化

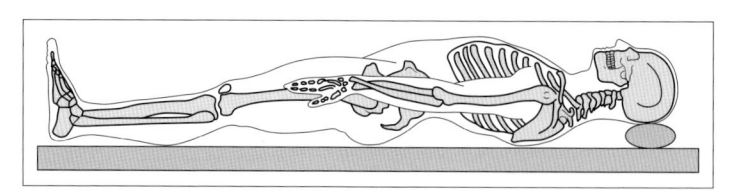

●図4-48　立位時の脊柱カーブの背臥位

される。素材の特質上の理由で弾力性に富み，ウレタンフォーム系マットレスの一つである「低反発フォーム」は減圧効果に優れていることから，褥瘡予防用具として用いられている。また，ほかのマットレスの上に敷いて用いる「エアマットレス」は物理的な体圧分散が可能であり，これも褥瘡予防用具として用いられる。

　さらに，マットレスと組み合わせて使う寝具類として，枕やクッション，シーツ類，上敷き（オーバーレイ），マットレスパッドなどがある。これらも寝心地に大きく関連することから，その機能をよく検討したうえで導入する必要がある。

3．ベッドに必要な「動きやすさ」

1）マットレスの重要性

　寝心地の良さの条件の一つである「ある程度の硬さをもったマットレス」，いわゆる沈み込みの小さいベッドは，臥位で寝返りなどの動作が自力にて可能である利用者にとって，「動きやすさ」という面でも効果的である。沈み込みの大きいベッドでは，特に寝返り動作の中心となる腰部および臀部の動きが，その沈み込みによって制限されるために，非常に動きづらくなっていることがある。さらにそのことは起き上がり動作にも直接影響することから，マットレスの硬さの程度は非常に重要である。しかし，寝返り動作が自立していない利用者では，動きやすさの観点からではなく，当然，褥瘡予防の観点から，前述の低反発ウレタンフォームや空気などを利用した褥瘡予防能力が大きいマットレスを導入する必要がある。

2）ベッド柵の積極的利用

　寝返りに関しては，その補助手段として，ベッド柵を利用することが多々ある（図4-49）。寝返る側にあるベッド柵を上肢にて引っ張ることによって寝返り動作が容易になることから，ベッド柵は強固なものを導入する必要がある。さらにベッド柵は，ベッド端に座っているとき（図4-50）やその状態から立

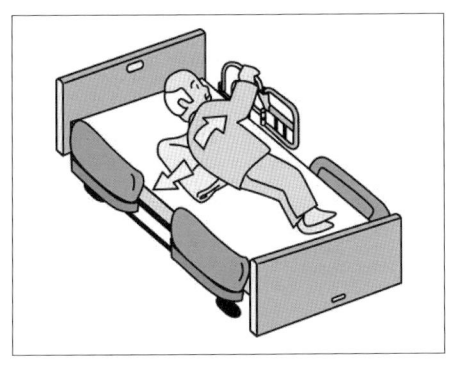

●図 4-49　ベッド柵を利用した寝返り
（図提供：パラマウントベッド株式会社）

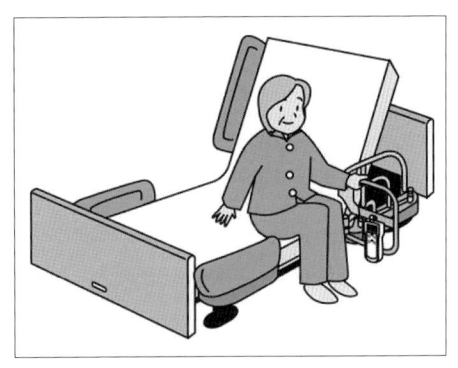

●図 4-50　介助カバーとしてのベッド柵の
　　　　　利用①：ベッド端座位時
（図提供：パラマウントベッド株式会社）

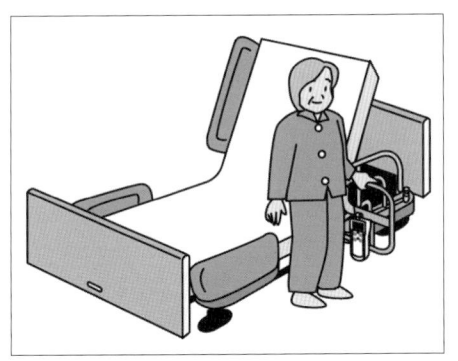

●図 4-51　介助カバーとしてのベッド柵の
　　　　　利用②：立ち上がり時
（図提供：パラマウントベッド株式会社）

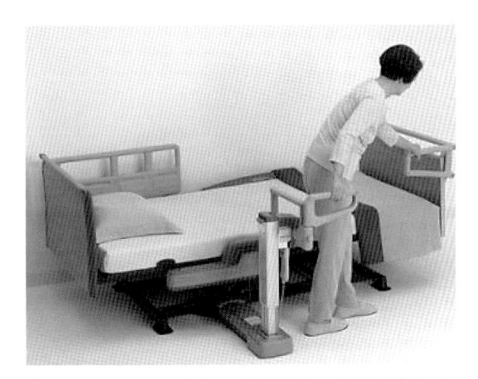

●図 4-52　立位および歩行などを考慮した
　　　　　ベッド柵と介助バー
（写真提供：パラマウントベッド株式会社）

ち上がるときの「介助バー」を兼ねているものも多くあることから（図 4-51），これについても利用者の状況に応じて適合するものを導入する必要がある。

　つかまり歩行が可能なレベルの利用者には，ベッド柵や介助バーを進化させ，ベッド上の動作から，それに続く立位や歩行などの動作までを考え，自立の促進を目的としたベッドを奨励したい（図 4-52）。ベッドによるアシスト機能としては少ないが，「次の生活につながるベッド」であるといえ，介護予防にも一策として有効であると考えられる。

3）ギャッジアップ機能の利用価値

　ベッドのギャッジアップ機能もまた，起き上がりが困難な利用者には必需機能である。完全に起こしきるという使い方をするだけでなく，20°程度上げた状態であっても，起き上がり時の強力な補助となって利用者の自立性が向上することから，この機能を積極的に有効活用したい。

●図 4-53　スライディングボードをセットした様子

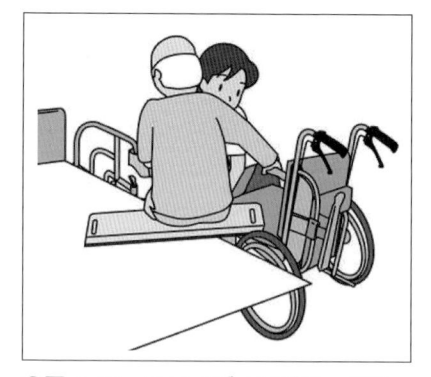

●図 4-54　スライディングボードを用いた移乗の介助
（図提供：パラマウントベッド株式会社）

4）ベッド高の電動調節機能の有効性

　ベッド高の電動調節機能は，ベッド端座位時には下腿の長さに合わせることでより安定した座位となり，立ち座り時には座位時よりもやや高めにすることで，非常に立ち座りが楽で容易になることから，ベッド外への生活動作につながるという意味も含めて，重要である。同じ高さでよい場合もある。

　ベッド高をポータブルトイレの座面高と同じにすることで，まったく立位になることなく，ポータブルトイレに移乗することも可能となる。また，スライディングボードによってベッドから車いす，またはその逆の移乗動作を行っている利用者では，ベッド高を車いす座面高よりも高くすることで車いすに移り，その逆にベッド高を車いす座面高よりも低くすることで車いすからベッドへ移ることから，ベッド高の電動調節機能は欠かせないものである（図4-53）。

　また，これは，介護者側に関しても非常に役立つ機能である。移乗時の介助時においては，ベッド高を移乗先の座面よりも高くすることにより介助が楽に行え，スライディングボードを使用しての移乗のときはその効果が激増する（図4-54）。

　さらに本機能が威力を発揮するのは，ベッド上で行われる起居動作や更衣動作に介助が必要であったり，一部ではオムツや差し込み便器を使用しての排泄動作にも介助を必要とする利用者に対してである。サービス者または家族による介護を問わず，このような状況の利用者に対する介助をベッド高が低いままで行った場合は，介護者の腰部または手関節を中心とした上肢に大きな負担がかかり，腰痛や腱鞘炎などを発症するおそれがある。しかし，介助者の重心位置（臍部よりも少し下方）に近い高さにベッド高を合わせることで，非常に介助しやすくなる。

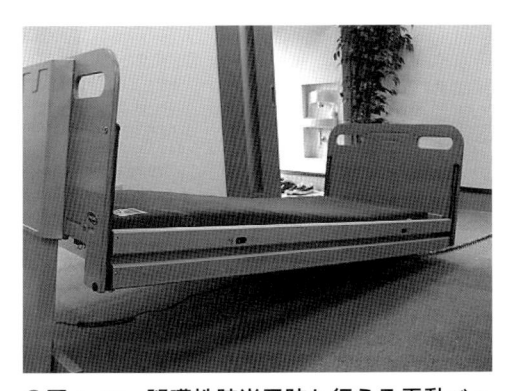

●図 4-55　誤嚥性肺炎予防も行える電動ベッド

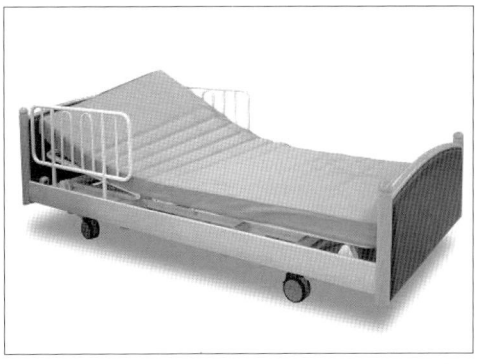

●図 4-56　上体を斜めにもギャッジアップできる電動ベッド
（写真提供：株式会社ランダルコーポレーション）

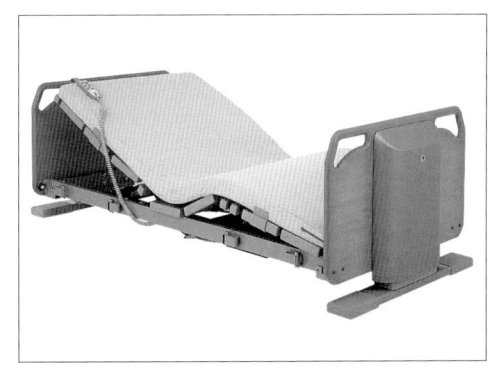

●図 4-57　二脚で多機能な電動ベッド
（写真提供：アイシン精機株式会社）

5）ベッドに寝ることが治療につながる

　嚥下反射などの能力が低下した利用者では，誤嚥物を咳の力で気管から排出できない場合がある。その結果，食べ物の一部や唾液，痰などを誤嚥しやすくなり，同時に口の中のさまざまな細菌も肺に入り込み，時には肺炎に及ぶ。このような肺炎を「誤嚥性肺炎」というが，睡眠中に出ている唾液によってもこの誤嚥や肺炎は起こりうる。この睡眠中の唾液の気管への流れ込みを防ぐ対策の一つとして，口腔部を気管よりも微妙に低くすることが挙げられ，通常，胸背部や腰背部にクッションなどを入れてその微妙な傾斜を作るなどの努力が行われている。その角度を簡単に設定できる，睡眠中の誤嚥性肺炎予防機能があるともいえる電動ベッドも市販されている（図 4-55）。

　さらに同様な状況で，かつギャッジアップしたベッド上で食事介助を受けている利用者においては，嚥下をスムーズにするためなどの目的で，どちらかの

体側を持ち上げるなどした，左右非対称なベッド上座位が必要な場合がある。そのようなときは，片側の肩甲骨部などにクッションや枕などを入れて対応することが多いが，この上体を斜めにするなどの姿勢を簡単に取らせることができ，しかも微妙にその角度を調整できる機能をもった電動ベッドもある（図4-56）。

6）ベッドの上と下の清掃を楽に

電動ベッドに限らないが，ベッドを利用していると問題になることがベッド上およびベッド下の衛生管理である。ベッド上においてはマットレスの汚れが問題となる。マットレスは個人では洗うことができないことから，その上に敷く上敷きやマットレスパッド，シーツなどで汚れを防ぐことが，最も行われている方法である。マットレスが3分割され，汚れた部分のみを取り替えるというものもある。

一方，ベッド下は電動ベッドの脚部分をはじめ，動力に関連する装置などがあるために，非常に清掃しづらい構造になっている。そのために，ほこりやゴミなどが溜まりやすく，不衛生になりやすい。その対策も兼ねて，脚数を減らして動力部分を集中させることによって，ベッド下の清掃がしやすい電動ベッドも導入価値があろう（図4-57）。

4 トイレに関する福祉用具

1．ポータブルトイレに求められる性能

1）移乗のしやすさ

　ポータブルトイレを導入する利用者は，移乗および移動が困難である場合が圧倒的に多い．したがってポータブルトイレには，ベッドからポータブルトイレ，またはその逆のときに，安全かつスムーズに移乗できるための機能が求められる．その機能の一つとして高さ調節機能が挙げられる．いわゆる，ベッド高とポータブルトイレの便座面の高さを同じにすることで，ほとんど立ち上がることなく，臀部をスライドさせるだけで移乗およびその逆の動作が可能となる．

　通常はベッドに高さ調節機能があり，それによってベッド側をポータブルトイレに合わせるが，ベッドに高さ調節機能がない場合には，ポータブルトイレにその機能が必要となる．最近の多くのポータブルトイレには，それぞれの利用者に合わせられるよう，脚部に若干の高さ調節機能をもっている．また，臀部をスライドさせるときの安定性のために，ベッドに取り付ける介助バーは必需品である．

　実際にポータブルトイレと介助バーを導入した例を示すと（図4-58），通常，枕側にポータブルトイレを置くことは控えるが，ここでは移乗の安全性を重要視し，利用者本人および家族の同意のもと，枕側にポータブルトイレを配置した．このケースでは，これにより移乗を含めた排泄動作が自立し，夜間に頻回に行われていたポータブルトイレへの移乗介助が不要となった．

　セラピストの忠言によって，通常行われない設置位置でのポータブルトイレ

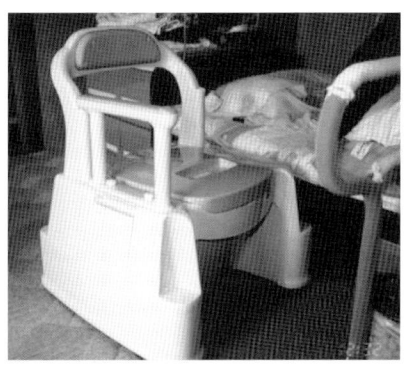

●図4-58　ポータブルトイレと介助バーの導入

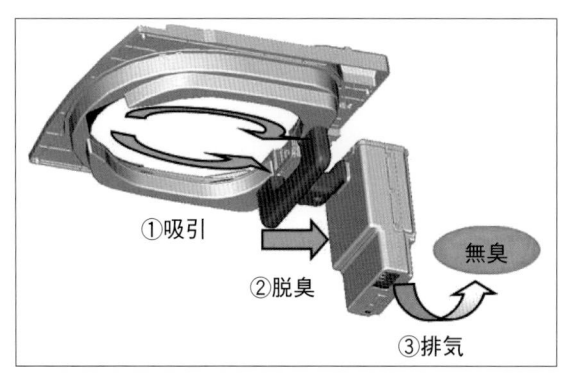

●図 4-59　ポータブルトイレの消臭
（写真提供：アロン化成株式会社）

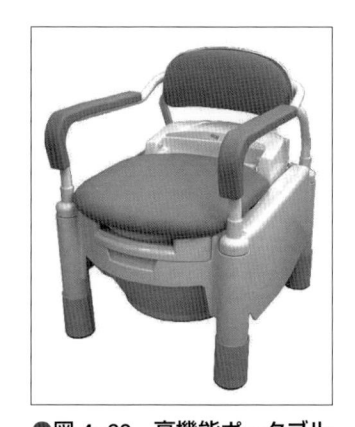

●図 4-60　高機能ポータブルトイレ
（写真提供：アロン化成株式会社）

の導入が，良い効果を生むことも多々ある。

2）脱臭・消臭機能について

　ポータブルトイレを室内で使用する場合，便の臭いが室内に充満し，そのことが利用者と家族との間の「気まずさ」につながることが多々ある。また，この臭いに対して過剰な気づかいをし，排便を我慢するなどの行為を重ねている中で，本格的な便秘症になったという利用者にもたびたび遭遇する。羞恥心に年齢・性別は関係ないのである。

　通常設置されているトイレであれば，便器内で強力に臭いを吸い込み，屋外に放出することもできるが，ポータブルトイレでは困難であり，吸い込んだ臭いを触媒によって分解して消臭する方法が開発されてきた。最近では，室内で排便したとしても，ほとんど（まったく）臭わないというレベルまでポータブルトイレの脱臭機能も進化している（図 4-59）。

3）その他の機能について

　温水シャワーによる肛門洗浄機能つきのポータブルトイレが多く市販されている。これは，身体障害などにより排泄後の処理が思うようにできない利用者には必需機能である。寒冷期の冷たい便座シートに座ることに抵抗のある人には，電熱による暖房機能がついた便座シートが作られている。ポータブルトイレ自体の大きさも非常にコンパクトになり，狭い寝室に置いても邪魔にならないように配慮されている。現在はこのような高機能タイプのポータブルトイレが導入可能であり，選択肢が多くなっている（図 4-60）。もはや，「ポータブルトイレはプラスチックのバケツプラスアルファ」という時代ではない。また，硬い便座シートでは臀部が痛くなるという利用者には，ソフトタイプの便座シートもある。

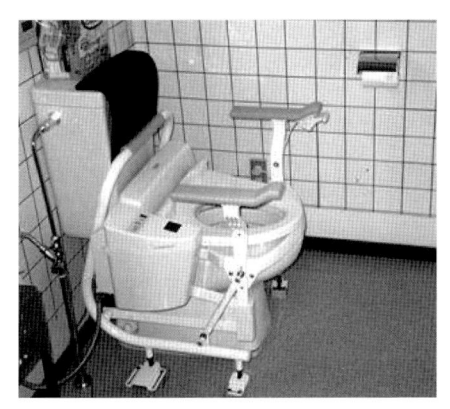

●図 4-61　立ち座り補助機能のついた
　　　　　ポータブルトイレ

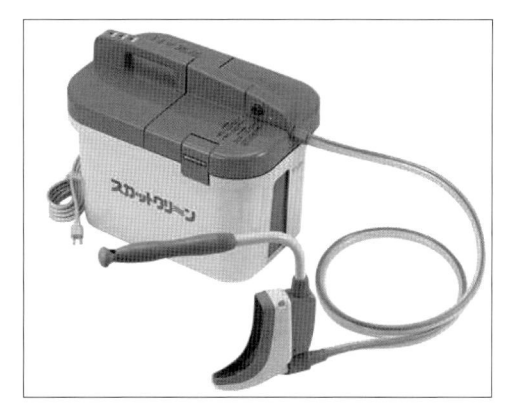

●図 4-62　センサーによる自動採尿器
　　　　　（写真提供：パラマウントベッド株式会社）

　以上，ポータブルトイレも高機能化しており，オムツ導入の前に，ポータブルトイレ導入を一考してもらいたい。

2．立ち上がり支援便座

　便座への立ち座り時に電動にて便座が昇降し，利用者の立ち座りを補助する機器である（図 4-61）。ある程度座面を高くすれば自力で立ち座りができるという利用者や，トイレが狭くて立ち座り時に動作が制限されるなどのときには，導入の価値がある。
　便座シートや便器の基底部で便器全体を高くするという方法もあるが，座位になったときに便座位置が高すぎると座位が不安定となり，安定した状態で排泄ができなくなる場合がある。このようなときにも，導入を一考したい福祉用具である。肘掛けがあるタイプとないタイプ，さらに座面が水平のままで昇降するタイプと，立ち上がりやすいように座面が斜めに傾きながら昇降するタイプなどがあり，利用者の身体状況に合わせて選定してもらいたい。

3．その他の排泄支援機器

　排尿に関して，通常のトイレに行くことも，ポータブルトイレを使うこともできないレベルの利用者においては，これまで尿瓶やオムツ以外に選択肢はなかった。しかし現在では，利用者の放尿部分にレシーバーを軽くあてがうことで採尿できる福祉用具が市販されている。これは，レシーバーにあるセンサーが，尿を感知すると電動で尿を吸引し尿をタンクに貯尿するという用具であり，排出された尿が逆流しない工夫がなされた優れものである（図 4-62）。

5 風呂場に関わる福祉用具

1．シャワーいす

　シャワーいす（**図4-63**）は入浴に関する福祉用具の中で，非常に多く導入されているものの一つである。シャワーいすの座面を浴槽縁の高さに合わせることで，シャワーいすに座ったままの状態から直接，浴槽内に入ることができる。

　通常は座面が平らであるが，臀部の形状に合わせて座面が弯曲しているものもある。前者は動きやすさを優先する場合に，後者は座位安定性を優先する場合に，それぞれ導入される。

　また，以前は白色系の色のものがほとんどであったが，最近では赤や青，ピンクなど，さまざまな色が選べるようになった。白内障のある利用者では，青色系は黒色に見えることから，赤色系を推奨する。さらに，背もたれがついているものやいないもの，肘当てがついているものなど多様な選択肢があり，利用者の身体状況と嗜好に合わせて導入してほしい。

2．バスボード

　バスボード（**図4-64**）は，シャワーいすなどから移乗し，そして浴槽に入るための用具である。浴槽縁で比較的安定した座位をとることができるために，浴槽へ出入りする動作が安定する。

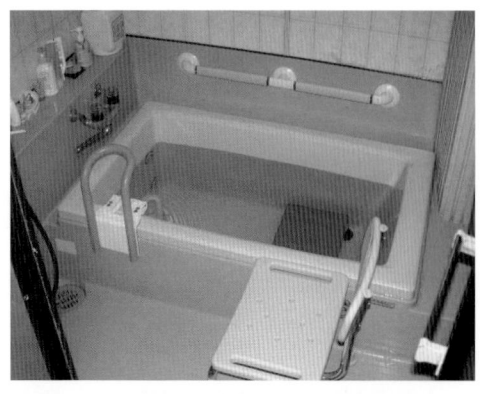

●図4-63　座面と浴槽縁の高さを合わせたシャワーいす

●図4-64　小さい浴槽へのバスボードの導入例

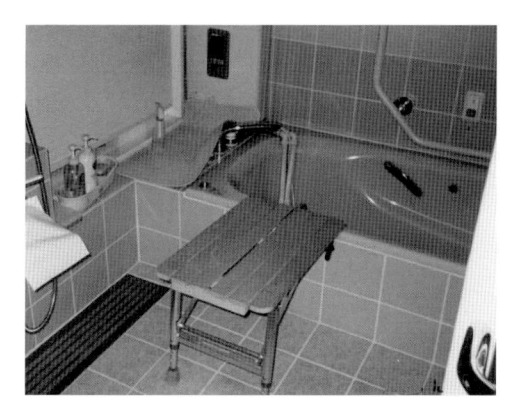

●図 4-65　シャワーいすとバスボードの機能を併せ持つ福祉用具

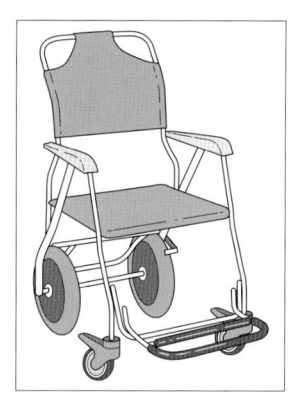

●図 4-66　シャワーキャリー

しかし，シャワーいすから直接浴槽に入ったほうがよい場合も多々あるので，その導入時にその是非について，慎重な見極めが必要となる。また，浴槽が小さい場合，利用者がバスボードを用いて浴槽内に入ってしまった後，浴槽上にあるバスボード自体により浴槽がさらに狭くなり，浴槽内での姿勢に悪影響することがあるために，注意が必要である。

また，シャワーいすとバスボードが連なっているような用具もある（図 4-65）。

3．浴槽内いす

浴槽内いす（図 4-63，4-64 参照）は，その名のとおり，浴槽内に沈めて使う福祉用具である。浴槽の出入り時には，踏み台の代わりとなって段差を小さくし，浴槽に入っているときにはいすとなり，立ち座りを楽にするものである。欠点としては，肩までお湯に浸りたいという要望があっても，それを叶えることが難しいことである。

4．キャスターつきシャワーいす

一連の入浴動作においてシャワーいすは有効であるが，それに座るためには脱衣所から風呂場の洗い場まで移動する必要がある。さらに，その移動しなければならない床は濡れて滑りやすいところであり，このときに転倒などの危険が伴う。

また，車いすレベルで移乗に介助が必要な利用者であれば，ベッドから車いすへ，そして車いすからシャワーいすへと，最低 2 回の移乗介助（往復で 4 回）

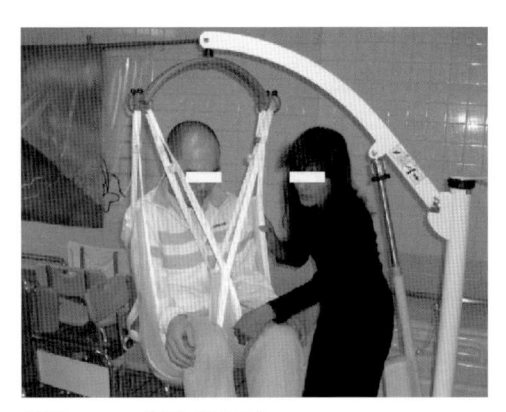

●図4-67 懸垂式リフト　　●図4-68 浴槽固定式リフト

が必要であり，介護負担因子となっている場合がある。

このようなときには，キャスターつきシャワーいす，すなわちシャワーキャリーの導入を検討するべきであろう（図4-66）。シャワーキャリーは，シャワーいすにキャスターが付いていることによって介助にて移動が可能であり，ベッドのある寝室で一度の移乗を行えば，そのまま風呂場の洗い場まで移動することができ，入浴動作へと比較的簡単に移行できる。

ただし，寝室から風呂場の洗い場までの間にキャスターで乗り越えられないような段差がないという，住環境上の使用条件がつく。いわゆる，段差がある場合には段差解消という住宅改修が必要であり，このことはすなわち，「福祉用具導入と住宅改修が，切り離せない一体のサービスである」といわれる所以であろう。

5．入浴用リフト

浴槽内へ入るときに介助が必要な利用者は，導入を一考する価値がある。介助する側も当然，その介助自体が楽になるが，それ以上に「介助される側」も介助者に対する気兼ねも少なくなり，楽なのである。もちろん，そのために介助者はしっかりと使用方法および手順を身に付けなければならない。

1）懸垂式リフト

風呂場内に支柱を立て，その支柱から出たアームの吊り具によって入浴させるものを「懸垂式リフト（図4-67）」という。

懸垂式リフトはシートタイプの吊り具を使うことから，肩までお湯に浸かることが可能である。しかし，浴槽内で体が浮いて不安定になりやすいことから，入湯時および移動時には常に，介護者が利用者の体を支える必要がある。

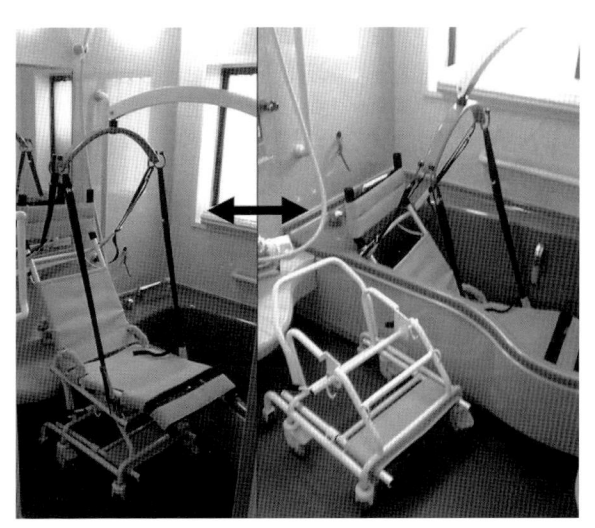

●図 4-69　シャワーキャリーと懸垂式リフトの機能を併せ持つ福祉用具

2）浴槽固定式リフト

浴槽縁や浴槽内に設置して，利用者が座った台座を昇降させて入浴補助を行うものを，「浴槽固定式リフト（図 4-68）」という。

これは，シャワーいすからリフトの座面へ移乗し，両下肢を浴槽内へ入れるなどの動作が必要となることから，「移乗のしやすさ」を優先的に検証する必要がある。当然，これら一連の動作に不安定な部分がある場合には，介助が必要となる。浴槽の中のお湯に浸ることを考えると，電動または手動，水圧のいずれかによって上下する台座シート自体に高さ（厚さ）があり，この用具では肩までお湯に浸ることができない。このことは浴槽内いすと同様，肩までお湯に浸かりたいとの要望をもっている利用者にとっては大きな問題点であろう。

また，それなりに重量もあり，簡単に据えたり取り外したりすることが困難なものもあるために，家族の入浴時に支障が出る場合もある。

3）シャワーキャリー＋懸垂式リフト

シャワーキャリーと懸垂式リフトが合体したような機能をもつ福祉用具もある（図 4-69）。これは，寝室などでシャワーキャリーに移乗させて風呂場の洗い場まで移動させ，シャワーキャリーのシート部分をリフトにセットし，そしてこのリフトで持ち上げるとシャワーキャリーのシート部分のみが分離するというものである。つまりシャワーキャリーに乗ったままの状態で入浴できるのである。

車いすに座ることが可能なレベルの利用者であれば導入でき，入浴時の介助量の激減が期待できる福祉用具であるが，これもまた，肩まではお湯に浸ることが難しい。

Coffee Break

◆ベッド，継続使用 OK でした！

　2006 年 10 月 1 日から，要支援と要介護 1 と判定された人たちは，介護保険給付による福祉用具の一部が使えなくなりました。ある人のことが気になり，10 月の初めに電話をしてみました。

　このある人とは，S さん（68 歳，女性）です。某市で買い物をしているときに脳卒中になり，そのまま市内の病院に入院し，そこへ私が学生を連れて実習に行ったときに知り合いました。彼女が退院するときに，ベッドや杖などについて私がアドバイスしました。

　この S さん，退院当初からずっと「要介護 2」だったのですが，2006 年 7 月の更新認定で「要介護 1」と判定されました。そうなったとたんに，彼女の担当ケアマネジャーから，「9 月いっぱいで，今使っているベッドが（介護保険で）使えなくなる。自腹でレンタルするか，買い取らなければならない」と言われたのでした。「少ない年金での生活では，今以上の負担はできない。（ベッドのことが）心配で，夜眠れない」と，9 月の初めころに私の研究室に電話がありました。そしていよいよ 10 月に入り，S さんのことが心配になって電話をしてみたのです。

　ベッドのことを尋ねると，「このままベッドを使ってもよいことになった」と言うのです。実は S さん，更新認定の一カ月くらい前から腰痛になり，必死になれば一人で起き上がれるかもしれなかったのですが，医師から「無理をしてはいけない」と言われ，それを忠実に守っていたのです。よって，調査員から「一人で起き上がれますか」と質問され，胸を張って「できません」と答えたのです。この一言によって S さんは，介護保険の中で今もベッドを使い続けているのです。

　認定調査のときには「必死で汗だく」になってできていることではなく，普段どおりのまあまあの調子のときに「できているのか」をよく考え，調査員の質問には見栄を張らずに答えるようにしましょう。

Coffee Break

◆要介護者の行き場所がない

　2007年春から大改正された医療保険と介護保険。その中で縮小されるサービスがあります。「療養型病床群（療養病床）」です（2011年度で完全縮小）。この療養病床は，1992年に医療法（医療保険）で整備されたもので，長期間の療養が必要な人が利用する医療施設です。ここは一般病棟よりも居室面積や廊下幅を広くし，食堂や談話室があるなど，療養生活に配慮された環境なのです。

　介護保険開始からは，その施設サービスの1つにも位置づけられて，施設サービスの一翼を担うものとして全国に整備されました。この介護保険によるものは介護保険の認定者しか利用できませんが，医療保険によるものは長期療養が必要な人は誰でも原則的に利用が可能です。

　現在，全国の療養病床は医療保険による25万床と介護保険による13万床の合計38万床あります。これが医療保険による療養病床のみとなり，その数も15万床に激減するのです（回復期病棟は維持されそうですが…）。

　この減じられる23万床を利用する人たちは，どこへ行けばよいのでしょうか。まさに「療養難民」の増加が危惧されるのです。

　療養病床を利用している人たちの多くは，自宅に帰りたくても帰れない理由があるのです。自宅へ戻った人を支える介護サービスも，質・量とも十分とはいえない現状です。自宅に帰れないのなら，特別養護老人ホームや老人保健施設に行けばよいと思われるかもしれませんが，ここは現在でも順番待ち状態です。

　減じられる23万床は，老人保健施設などへ移行させることもできます。しかし移行するには，老人保健施設に課せられている施設基準（例えば，利用者1人あたりの居室面積が8 m^2以上など）をクリアしなければなりません。それには多額のリフォーム代がかかることから，多くの施設では様子見の状態です。

　団塊世代の高齢化に向けて，万が一介護状態となったときの「行き先」の整備が急務なのです。

文　献

1) 早石　修（監），井上昌次郎（編・著）：快眠の科学．朝倉書店，2002
2) 金沢善智：自立と介護のための住環境の達人になる第1回．とっても効果的な「福祉住環境整備」のための8つのコツ（前半）．地域リハ　1(1)：60-63，2006
3) 金沢善智：自立と介護のための住環境の達人になる第2回．とっても効果的な「福祉住環境整備」のための8つのコツ（後半）．地域リハ　1(2)：146-149，2006
4) 金沢善智：自立と介護のための住環境の達人になる第3回．アプローチおよび玄関における住宅改修のノウハウ．地域リハ　1(3)：232-235，2006
5) 金沢善智：自立と介護のための住環境の達人になる第4回．廊下および居間，寝室における住宅改修のノウハウ．地域リハ　1(4)：320-324，2006
6) 金沢善智：自立と介護のための住環境の達人になる第5回．トイレにおける住宅改修のノウハウ．地域リハ　1(5)：406-410，2006
7) 金沢善智：自立と介護のための住環境の達人になる第6回．風呂場における住宅改修のノウハウ．地域リハ　1(6)：499-503，2006
8) 金沢善智：自立と介護のための住環境の達人になる第7回．移動に関わる福祉用具の導入テクニック．地域リハ　1(7)：590-594，2006
9) 金沢善智：自立と介護のための住環境の達人になる第8回．特殊寝台に関わる福祉用具の導入テクニック．地域リハ　1(8)：690-693，2006
10) 金沢善智：自立と介護のための住環境の達人になる最終回．排泄と入浴に関わる福祉用具の導入テクニック．地域リハ　1(9)：767-761，2006
11) 金沢善智（監修）：福祉住環境コーディネーター基本用語辞典．エクスナレッジ，2007
12) 金沢善智，他（編・著）：みんなで防ごう暮らしの中の事故．NPO住まいと介護のコミュニティネット，2003
13) 車いす姿勢保持協会（編）：元気のでる車いすの話．はる書房，2003
14) 光野有次：入門姿勢保持と車いす―その理論と実際．無限工房，2002
15) パラマウントベッド（編）：ケアマネジャーのための在宅ケアベッドハンドブック2号．パラマウントベッド株式会社，2000，pp7-8
16) 和田光一（監・著），加島　守，金沢善智，牧野美奈子：福祉用具の選択・活用法．東京都高齢者研究・福祉振興財団，2007

おわりに

　私はセラピストと建築という2つの視点から福祉住環境にかかわっている。

　なぜ建築の前にセラピストなのかというと，リハビリテーション医学に関するサービスを提供する理学療法士や作業療法士などのセラピストは，その仕事の中で，急性期の寝たきり状態から自宅や施設への退院までかかわり，さらにその後の「在宅での生活および療養」にも密接に利用者とかかわり合う。セラピストは，心身の障害へのアプローチに限らず，一人の人間の「生活，そして人生を支える」ことを目的として，サービスを提供している。

　したがって，そのセラピストの視点に建築の視点を加えて福祉住環境を整備する目的も，「家屋を改善すること」ではなく，なんらかの支援を必要とする利用者という一人の人間の「生活と人生を改善すること」であろう。

　本書ではこれまでに私がかかわったおおよそ1,400ケースを超える福祉住環境の整備の中で，一人ひとりの利用者から学び，私なりに解釈したことを伝えているつもりである。思い込みも多いことも十分わかっているつもりである。なぜなら，私自身の現状としても暗中模索状態であり，また，現在の利用者の人たちとともにその生活の継続を叶えるために日夜努力をされている，この分野で活躍されている人たちの考えを拝聴したいと日々願っている状況でもある。本書が，福祉住環境における話題提供の場になり，その中でさまざまな議論などが生まれるきっかけとなれば幸いである。

2007年6月

金沢善智

【著者略歴】

金沢善智（かなざわ　よしのり）

　1963年，青森県生まれ。理学療法士として訪問リハビリテーションに従事する中で，在宅要介護者の住環境整備の不備と，その改善の必要性を痛感して退職・上京，東京理科大学および同大学院で建築学を学ぶ。在学中や弘前大学の教員となった後，東京都内および青森県・秋田県内を東奔西走し，福祉住環境整備の現場で実践と指導，研究を行う。セラピストと建築の2つの視点でかかわった福祉住環境の整備は1,400ケース程度であり，それらすべて「利用者こそ，ノウハウの先生であり，礼を尽くして謙虚に学ぼう」をモットーにして，利用者の立場に立った福祉住環境を心がけている。

　現在，(株)バリオン　介護環境研究所代表。医学博士・工学修士（建築学）・理学療法士。前目白大学保健医療学部教授，元弘前大学医学部助教授。

　会社ホームページ（「ドクターぜん」で検索）→http://www.baryon-inc.net/

著書：金沢善智（監修）『福祉住環境コーディネーター基本用語辞典』（エクスナレッジ，2007）

　　　和田光一（監修・著），東京都高齢者研究・福祉振興財団（編），加島　守，金沢善智，牧野美奈子『ガイドラインにそった福祉用具の選択・活用法―介護現場で役立つ！』（東京都高齢者研究・福祉振興財団，2007）

　　　川村匡由（編）『シルバーサービス論』（ミネルヴァ書房，2005）

　　　東畠弘子（編）『事例で学ぶケアマネジャーのための福祉用具入門』（中央法規出版，2001）

　　　京極高宣，市川　洌（監修）『福祉用具の活用法』（北隆館，2002）

　　　牧田光代（編）『標準理学療法学専門分野　地域理学療法学』（医学書院，2003）

　　　　その他多数

利用者から学ぶ福祉住環境整備

発　行	2007年6月25日　第1版第1刷 2011年2月5日　第1版第3刷Ⓒ
著　者	金沢善智
発行者	青山　智
発行所	株式会社　三輪書店 〒113-0033　東京都文京区本郷 6-17-9　本郷綱ビル ☎ 03-3816-7796　FAX 03-3816-7756 http://www.miwapubl.com
印刷所	三報社印刷　株式会社

本書の内容の無断複写・複製・転載は，著作権・出版権の侵害となることがありますのでご注意ください．

ISBN 978-4-89590-277-9　C 3047

JCOPY　＜(社)出版者著作権管理機構　委託出版物＞

本書の無断複写は著作権法上での例外を除き禁じられています．複写される場合は，そのつど事前に，(社)出版者著作権管理機構（電話 03-3513-6969, FAX 03-3513-6979, e-mail: info@jcopy.or.jp）の許諾を得てください．

■一人ひとりの身体に合った「座る」を考える

高齢者のシーティング

廣瀬　秀行（国立障害者リハビリテーションセンター研究所）
木之瀬　隆（日本医療科学大学保健医療学部）

　高齢者ケアのなかで、どこまで車いすに対して正しい理解がされているだろうか。
　近年、廃用症候群の予防とADL・QOLの維持・向上のために離床が促され、高齢者は日常生活の大半を車いす上で過ごすことが多くなってきている。しかし一般の車いすは、利用者の身体寸法や座位姿勢・状態に合わせて調整することは難しく、長時間座るための「椅子」としての機能が低いのが現状である。このことにより、逆にADLに制限をきたしたり、褥瘡や変形といった二次障害発生のリスクが生じる。
　高齢者のシーティング（seating）とは、シーティングシステム（座位保持装置）を活用して身体寸法・状態に適合させ安定した座位姿勢を確保することで、生活の質を向上させ自立的な生活へ導き、ひいては介護者の負担軽減を目的とするものである。
　本書では、シーティングの基礎知識から、実際に座位能力を評価し、適切なシーティングシステムを日常で活用する方法までを詳細に紹介する。OT、PTから介護職まで、高齢者に関わるすべての人に是非読んでもらいたい一冊である。

■主な内容

Ⅰ なぜシーティングなのか
  1 はじめに
  2 なぜシーティングか
  3 アシスティブ・テクノロジーとシーティングの関係

Ⅱ シーティングの基礎知識
  1 解剖学の基礎と座位の運動学
  2 力学
  3 椅子位姿勢の基礎
  4 座位姿勢の生理的影響
  5 車いす移乗と移動
  6 上肢活動

Ⅲ 車いすの問題点
  1 座り心地
  2 動作と車いす走行への影響
  3 姿勢
  4 高齢者の身体寸法と車いすの問題
  5 褥瘡
  6 車いす上での身体拘束の現状とその対応

Ⅳ 高齢者シーティングの評価
  1 シーティングの目的
  2 評価の基本
  3 マット評価
  4 座位での褥瘡リスク評価

Ⅴ 椅子・座位保持装置・クッション・車いす
  1 椅子
  2 座位保持装置
  3 クッションと除圧
  4 車いす

Ⅵ シーティングの症例
  1 端座位可能で車いす寸法の不適合により仙骨座りになるケース
  2 座位能力に問題あり：車いすの自走が難しくなったケース
  3 座位不能のケースにティルト・リクライニング機能付モジュラー車いすで車いす抑制パイプが外れたケース
  4 急性期の褥瘡治療ケース
  5 自宅復帰までの症例
  6 椅子を考えることで生活に変化がみられた片麻痺の認知症のケース
  7 高齢頸髄損傷者

Ⅶ 高齢者シーティングの実際
  1 シーティングの進め方
  2 シーティングに関わる専門家とチームアプローチ
  3 シーティングの専門家

Ⅷ 車いす座位姿勢と寸法のチェックアウト
  ① 背支持の高さ
  ② 足部支持と座支持間の距離
  ③ 座幅
  ④ 座背角度
  ⑤ 前腕支持高さ
  ⑥ 座奥行き
  ⑦ 座角度
  ⑧ 座面高
  ⑨ 走行

索　引

●定価2,940円（本体2,800円＋税5％）　B5　頁164　2006年
ISBN978-4-89590-251-9

お求めの三輪書店の出版物が小売書店にない場合は、その書店にご注文ください。お急ぎの場合は直接小社に。

〒113-0033
東京都文京区本郷6-17-9 本郷綱ビル

三輪書店

編集：03-3816-7796　FAX 03-3816-7756
販売：03-6801-8357　FAX 03-3816-8762
ホームページ：http://www.miwapubl.com

■ 移動介助テキストの決定版　改訂第3版

イラスト わかりやすい移動のしかた
患者と介助者のために
【第3版】

井口 恭一　介護老人保健施設甲府南ライフケアセンター・理学療法士

　日常生活活動の中でも特に大きなウエイトを占める「移動」は、転倒などの事故を招きやすく、またセラピストにとってその介助は大きな身体的負担となるものである。しかし、ちょっとした知識とコツを体得すれば、セラピスト、患者の双方に余計な負担をかけることなく誰にでも安全に介助ができ、信頼関係を築くことにもつながる。

　本書は移動動作訓練の経験豊かな著者が、ケアの本来の意味である「患者自身の残存機能や能力を生かす動作自立や維持の介助・救助」することに基づき、患者が自立するための介助のコツを豊富なイラストを使って丁寧にわかりやすく解説。「動かす」ではなく「動けるように手伝う」ことこそがケアの精神である。

　第3版では、立ち上がりや歩行訓練の方法、移乗動作のチェックポイントなどを追加紹介。移動介助のテキストとして、高齢者・障害者のケアに携わるスタッフには必読の書。

■ 主な内容

第1章　移動動作とは
移動動作の基礎となっている考え方
1. 力学的側面
2. 神経生理学的側面
3. 運動学的側面
4. 介護学的側面
5. 心理学的側面

第2章　移動動作介助の考え方
1. 移動動作と姿勢
2. 次の動作に生かせる姿勢と動作
3. 感覚を大事に
4. 動作経験の繰り返し、積み重ねで記憶
5. 一連の動作をパターンでとらえる

第3章　移動動作介助の進め方
1. まず座位の確保から
2. 介助の進め方

第4章　移動動作の進め方
1. 寝返り（自立を目指して）
2. 起き上がり
3. 座る
4. 座っての移動
5. 立ち上がり
6. 立つ
7. 床、マットからの立ち上がりと座り
8. 歩く
9. 階段、段差の昇降
10. 日常生活用具と移動動作

●定価2,625円（本体2,500円+税5%）　B5　頁180　2006年
ISBN978-4-89590-258-8

お求めの三輪書店の出版物が小売書店にない場合は、その書店にご注文ください。お急ぎの場合は直接小社お。

編集　☎ 03-3816-7796　FAX 03-3816-7756
販売　☎ 03-6801-8357　FAX 03-3816-8762
ホームページ　http://www.miwapubl.com

〒113-0033
東京都文京区本郷6-17-9 本郷綱ビル
三輪書店

■進化を続けるラップ療法！　待望の褥創治療事例集！

これでわかった！褥創のラップ療法
部位別処置事例集

編著　鳥谷部俊一（慈泉会 相澤病院 褥創治療センター）

　1996年に鳥谷部俊一が生み出した褥創のラップ療法はコスト、時間、労力を最小に、患者・家族の満足度を最大にする画期的な治療法である。ラップ療法の理論を提唱した前著『褥創治療の常識非常識』（2005年）は、褥創に悩む全国の病院，施設，在宅医療の現場で大反響を呼んだ。
　その『褥創治療の常識非常識』出版から一年。実際にラップ療法を始めた現場から、さまざまな疑問や「困った」の声が聞かれるようになった。
○尾骨や坐骨に貼ったドレッシングが剥がれてしまう…
○ラップ療法は蒸れるし、臭いがあるし…
○こんなところにできた褥創、どう処置すればいいの？
○ラップ療法で失敗した？
　本書はそんなさまざまな疑問や「困った」にズバリ答える。写真を豊富に使った具体的な事例の数々は、ラップ療法の驚くべき効果を雄弁に語る。
　また、イラスト・インデックスで知りたい部位の事例をすぐに開ける。褥創治療の現場に是非とも置いておきたい一冊。

■主な内容

第1章　初めてラップ療法を試みる方へ
　1．ラップ療法の名称について
　2．99％失敗しないラップ療法入門
　3．正しい創の見方
　　①その創は本当に褥創ですか？
　　　　―褥創と紛らわしい病気
　　②これは良性肉芽，不良肉芽，過剰肉芽？
　　　　―切る、切らない？
　　③これは感染？　感染ではない？
　　④これは悪化？　悪化ではない？
　　⑤浸軟の本当の理由
　　⑥浸出液によるかぶれ？　真菌症？
　　⑦ドレッシング交換の目安（医療職でない方のために）
　　⑧デブリドマンのコツ
　4．ラップ療法で使うドレッシングのいろいろ
　5．ラップ療法／開放性ウエットドレッシングの基本的処置
　　①ラップを使うラップ療法
　　②ラップを使わないラップ療法
　Q＆A

第2章　部位別処置法
　A：耳介の潰瘍
　B：後頭部の潰瘍
　C：手や腕の表皮剥離
　D：胸部の褥創
　E：胸椎の褥創
　F：仙骨部の褥創
　G：尾骨部の褥創
　H：坐骨部の褥創
　I：大転子部の褥創
　J：腸骨部の褥創
　K：膝の褥創
　L：下腿の褥創
　M：足の褥創
　N：閉塞性動脈硬化症（ＡＳＯ）
　O：糖尿病性壊疽
　P：低温熱傷
　Q：がん終末期患者の皮膚ケア（悪性皮膚潰瘍、浮腫）
　R：趾（あしゆび）の潰瘍
　S：在宅治療例
　T：気管切開

●定価3,150円（本体3,000円＋税5％）　B5　頁240　2007年
ISBN978-4-89590-263-2

お求めの三輪書店の出版物が小売書店にない場合は、その書店にご注文ください。お急ぎの場合は直接小社に。

〒113-0033
東京都文京区本郷6-17-9 本郷綱ビル

三輪書店

編集　03-3816-7796　FAX 03-3816-7756
販売　03-6801-8357　FAX 03-3816-8762
ホームページ：http://www.miwapubl.com